AMUSING
OURSELVES
TO DEATH

娱乐
至死

Neil Postman

［美］尼尔·波兹曼◎著

章艳◎译

中信出版集团·CHINACITICPRESS·北京

图书在版编目（CIP）数据

娱乐至死 /（美）波兹曼著；章艳译. —北京：中信出版社，2015.5（2023.4 重印）

书名原文：Amusing Ourselves to Death

ISBN 978-7-5086-4828-6

Ⅰ.①娱… Ⅱ.①波…②章… Ⅲ.文娱活动—研究 Ⅳ.① G241.3

中国版本图书馆 CIP 数据核字（2014）第 224067 号

Amusing Ourselves to Death by Neil Postman

Copyright © Neil Postman，1985

This edition published by arrangement with Viking，a member of Penguin Group（USA）LLC，a Penguin Random House Company.

Simplified Chinese edition copyright © 2003 Shanghai Sanhui Culture and Press Ltd.

Published by China CITIC Press

娱乐至死

著　者：[美]尼尔·波兹曼
译　者：章 艳
策划推广：中信出版社（China CITIC Press）
出版发行：中信出版集团股份有限公司
　　　　　（北京市朝阳区东三环北路 27 号嘉铭中心 邮编 100020）
　　　　　（CITIC Publishing Group）
承 印 者：山东临沂新华印刷物流集团有限责任公司

开　本：880mm×1230mm　1/32　　印　张：7　　字　数：139 千字
版　次：2015 年 5 月第 1 版　　印　次：2023 年 4 月第 51 次印刷
京权图字：01-2014-8126
书　号：ISBN 978-7-5086-4828-6/G·1161
定　价：38.00 元

专家媒体推荐

波兹曼在媒体研究领域是一位巨人，地位仅次于马歇尔·麦克卢汉。

——安吉拉·佩妮，"抨击杂志"

《娱乐至死》在帮助我们看清（电视）屏幕里到底在发生些什么，在这一点上，它是最优秀的。那种画面，即便没有"文化灭亡"的末日预言，也足够阴郁了。

——沃尔特·古德曼，《纽约时报》

一本有才华、有力量、有分量的书。这是波兹曼抛出的严厉的控诉书，就我看来，他让人无法反驳。

——乔纳森·亚德利，《华盛顿邮报》

波兹曼的每本书都是一本小册子，一本装了封皮的随笔：《童年的消逝》讽刺美国文化的幼稚化；《娱乐至死》讽刺娱乐业，以及娱乐业对观众造成的影响……他的知识分子姿态，他在公众环境中的表现，以及他伟大的天赋——极好的幽默，实质是一个开化人类在一个野蛮世纪进行的尝试，之后成了一个开化人在电视文化中的尝试。

——杰伊·罗森，纽约大学教授

我时常想起萧伯纳著名的诗句，理智的人适应环境，而世上所有的进步都仰赖不理智的人。麦克卢汉是不理智的，兰斯是不理智的，尼尔也是不理智的。因为这样，所有美好的事才发生了。

——保罗·莱文森，福特汉姆大学教授

尼尔·波兹曼的逝世给公共话语带来了某些寂静。一位博学的批评者，一位严谨的反对者，一位跟奔涌的发展唱反调的人，沉默了。回顾他令人惊叹的事业，你会发现他所做的每一件事的核心都是一连串问题……他希望你去思考：字母表如何改变了口语文化，印刷媒体给宗教造成了什么样的影响，教育如何创造了童年，为何对标准的测试意味着对学校系统的激进反思。

——彼得·卡瓦纳，《环球邮报》

尼尔·波兹曼是一位传承伟大纽约传统的不可思议的讲述者……正如他说的故事一样，尼尔·波兹曼投入了一生来让我们停下来……他是一个和蔼谦恭的人，他绝对不会说，"我早就告诉过你了"。但是他的确告诉过我们，一次又一次，直至肺癌让他永远消声。

——约翰·齐默尔曼，《纽约邮报》

波兹曼是一个多产的作家，他在约 20 本书和众多的采访及文章中展现了他的思想与他的优雅。这些作品都值得阅读并深入思考，有意或无意间，你会将你读到的说给他人听。

波兹曼是看穿了皇帝新衣的孩子，他长大后，变成擅长表达的义愤填膺的教育者和社会消费者。

——迈克尔·寇姆夫，《学院季刊》

作家、媒体批评家尼尔·波兹曼的去世并未得到应有的（新闻媒体的）重视。但波兹曼对此一点儿也不会感到吃惊。我们时代媒体批评领域最伟大的书之一《娱乐至死》是他写的……波兹曼比任何人都了解，电视无可挽回地改变了辩论的本质，娱乐如今在政界占至高地位。

——吉姆·本宁，alternet.org

赫胥黎的《美丽新世界》和奥威尔的《一九八四》在这本书中的交互作用俯拾即是。《娱乐至死》是一本优秀的、令人不安的、引发思考的书，而且我敢说，它是一本必读书。它配得上经典的地位，尽管20年过去了，但它比任何书都贴近当下。

——蒂姆·查理斯，狂热博主、"有眼力读者"编辑

出版于1985年的《娱乐至死》是一本令人振奋的充满争议的书，它审视了电视对我们生活——更具体地说，是政治、文化和精神生活——的害处……本书有太多值得推荐的地方。它引发了许多思考，更让我们看到，电视是如何以某些方式侵蚀我们的公共话语甚至我们关于美好生活的整体概念的。

——谢默斯·斯威尼，social affairs unit.org

有些书是每个人都应该读而事实上很少有人去读的。尼尔·波兹曼的《娱乐至死》就是其中之一。他分析了娱乐时代对公共话语质量的毁灭性作用，提供了非同寻常的锐利洞见，这种洞见深入到了技术塑形思想与文化的方式，以及随之而来的社会各个方面的琐碎化。

——"潮起潮落"

波兹曼在麦克卢汉结束的地方开始，他用学者的渊博与说书人的机智构筑了他的见解。

——《基督教科学箴言报》

在波兹曼的书中，隐喻的作用一次又一次地得到体现。我们设立"尼尔·波兹曼隐喻奖"有两个目的：奖励一位纯熟使用隐喻的有天分的作者；纪念并推广波兹曼的作品，以及印刷思想。

——锐透基金会

我们今天已经处在波兹曼描述的世界里，处在一个信息和行动比严重失调的时代，在空前便利的电子传媒时代，我们比任何时候都聪明，也比任何时候都轻飘。《娱乐至死》的预言指向了我们今天的现实。

——陈丹青

它是声讨电视文化的檄文：难道我们要把自己娱乐死？这一声喝问绝非危言耸听，我深信它是我们必须认真听取的警告。

——周国平

也许，文化拯救的希望就在于人类不断的自我反省之中，在于认真聆听波兹曼式的警世危言之中。

——刘擎

《娱乐至死》提出了一个很重要的观点，即一个国家是在什么样的媒体占据主导地位的时代进入现代化的，这对整个社会的影响是很大的。

——展江

目 录 CONTENTS

前言

人们一直密切关注着 1984 年。这一年如期而至，而乔治·奥威尔关于 1984 年[1]的预言没有成为现实，忧虑过后的美国人禁不住轻轻唱起了颂扬自己的赞歌。自由民主的根得以延续，不管奥威尔笔下的噩梦是否降临在别的地方，至少我们是幸免于难了。

但是我们忘了，除了奥威尔可怕的预言外，还有另一个同样让人毛骨悚然的版本，虽然这个版本年代稍稍久远一点儿，而且也不那么广为人知。这就是奥尔德斯·赫胥黎[2]的《美丽新世界》。即使是受过良好教育的人们也不会料到，赫胥黎和奥威尔的预言截然不同。奥威尔警告人们将会受到外来压迫的奴役，而赫胥黎则认为，人们失去自由、成功和历史并不是"老大哥"[3]之过。在他看来，人们会渐渐爱上压迫，崇拜那些使他们丧失思

1　《一九八四》：英国作家乔治·奥威尔（George Orwell, 1903—1950）1949年所著的长篇小说，描绘了未来独裁统治下的恐怖情景。——译者注

2　奥尔德斯·赫胥黎（Aldous Leonard Huxley, 1894—1963），英国小说家、散文家、博物学家。1932 年发表科幻小说《美丽新世界》，以讽刺笔法描写他心目中的未来世界。——译者注

3　"老大哥"系《一九八四》中的独裁者。——译者注

考能力的工业技术。

奥威尔害怕的是那些强行禁书的人，赫胥黎担心的是失去任何禁书的理由，因为再也没有人愿意读书；奥威尔害怕的是那些剥夺我们信息的人，赫胥黎担心的是人们在汪洋如海的信息中日益变得被动和自私；奥威尔害怕的是真理被隐瞒，赫胥黎担心的是真理被淹没在无聊烦琐的世事中；奥威尔害怕的是我们的文化成为受制文化，赫胥黎担心的是我们的文化成为充满感官刺激、欲望和无规则游戏的庸俗文化。正如赫胥黎在《重访美丽新世界》里提到的，那些随时准备反抗独裁的自由意志论者和唯理论者"完全忽视了人们对于娱乐的无尽欲望"。在《一九八四》中，人们受制于痛苦，而在《美丽新世界》中，人们由于享乐失去了自由。简而言之，奥威尔担心我们憎恨的东西会毁掉我们，而赫胥黎担心的是，我们将毁于我们热爱的东西。

这本书想告诉大家的是，可能成为现实的，是赫胥黎的预言，而不是奥威尔的预言。

第一部分

第一部分

第 1 章

媒介即隐喻

在历史上的不同时期，不同的城市都曾经成为美国精神熠熠生辉的焦点。例如，18 世纪后期，波士顿是政治激进主义的中心，震惊世界的第一枪在那里打响，那一枪只会在波士顿的郊区打响，而不会是在其他任何地方。事件被报道之后，所有的美国人，包括弗吉尼亚人，都从心底成了波士顿人。19 世纪中叶，来自世界各地的弃儿们在埃利斯岛登陆，并把他们陌生的语言和生活方式传播到美国各地，纽约从而成为大熔炉式国家的象征——至少是有别于英国。20 世纪早期，芝加哥开始成为美国工业发展的中心。如果芝加哥的某个地方有一座屠夫的雕像，那么它的存在是为了提醒人们记住那个到处是铁路、牛群、钢铁厂和冒险经历的时代。如果现在还没有这样的雕像，那么我们应该尽快来做这件事，就像代表波士顿时代的有民兵雕像，代表纽约时代的有自由女神像一样。

今天，我们应该把视线投向内华达州的拉斯维加斯城。作为我们民族性格和抱负的象征，这个城市的标志是一幅30英尺高的老虎机图片以及表演歌舞的女演员。这是一个娱乐之城，在这里，一切公众话语都日渐以娱乐的方式出现，并成为一种文化精神。我们的政治、宗教、新闻、体育、教育和商业都心甘情愿地成为娱乐的附庸，毫无怨言，甚至无声无息，其结果是我们成了一个娱乐至死的物种。

我写作此文时的美国总统是昔日好莱坞的演员。他的主要竞争对手之一是20世纪60年代最为人瞩目的电视节目的宠儿，也就是说，是一名宇航员[1]。很自然，他的太空探险被拍成了电影。

此外，美国前总统理查德·尼克松曾把自己的一次竞选失败归罪于化妆师的蓄意破坏。他就如何严肃对待总统竞选这个问题给了爱德华·肯尼迪一个建议：减去20磅体重。虽然宪法对此只字未提，但似乎胖子事实上已被剥夺了竞选任何高层政治职位的权利，或许秃子也一样不能幸免于此，当然还有那些外表经过美容仍无法有较大改观的人。我们似乎达到了这样一个阶段：政治家原本可以表现才干和驾驭能力的领域已经从智慧变成了化妆术。

1　指约翰·格伦，美国第一个绕地球进行轨道飞行的宇航员，退役后当选为美国参议员。——译者注

美国的新闻工作者，比如电视播音员，对此也心领神会。他们中的大多数人在吹风机上花的时间比在播音稿上花的时间多得多，并且由此成为娱乐社会最有魅力的一群人。虽然联邦新闻法没有明文规定，那些不上镜的人其实已被剥夺了向大众播报所谓"今日新闻"的权利，但是那些在镜头前魅力四射的人确实可以拥有超过百万美元的年薪。

美国的商人们早在我们之前就已经发现，商品的质量和用途在展示商品的技巧面前似乎是无足轻重的。不论是亚当·斯密备加赞扬还是卡尔·马克思百般指责，资本主义原理中有一半都是无稽之谈。就连能比美国人生产更优质汽车的日本人也深知，与其说经济学是一门科学，还不如说它是一种表演艺术，丰田每年的广告预算已经证明了这一点。

不久前，我看到比利·格雷厄姆[1]和谢基·格林、雷德·巴顿斯、迪翁·沃里克、弥尔顿·伯利及其他神学家一起向乔治·伯恩斯表示祝贺，庆祝他在娱乐性行业成功摸爬滚打了80年。格雷厄姆教士和伯恩斯说了很多关于来世的俏皮话。虽然《圣经》里没有任何明示，但格雷厄姆教士向观众保证，上帝偏待那些能让人发笑的人。这是一个诚实的错误，格雷厄姆只是错把美国全国广播公司当成了上帝。

---

1 比利·格雷厄姆（Billy Graham，1918— ），美国基督教福音派传教士、浸信会牧师，在美国和世界各地通过广播、电视、电影宣讲耶稣基督福音，开展福音奋兴运动。——译者注

露丝·韦斯特海默博士是一个心理学家，她主持了一档很受人欢迎的广播节目及一个夜总会节目。在这些节目中，她向听众们介绍有关性事的林林总总，所用的语言在过去只能是卧室和某些阴暗的街角里专用的。她和格雷厄姆教士一样，是一个有趣的人。她曾经说过："我的初衷并不是为了逗乐，但是，如果我所做的确实能让人开心，我不妨继续下去。有人说我取悦于人，我说这很好。如果一个教授上课时表现幽默，人们就会带着记忆下课。"[1] 她没有说人们带着怎样的记忆，也没有说这些记忆有何裨益，但她说明了一点：能够取悦于人，真好。确实，在美国，上帝偏待的是那些拥有能够娱乐他人的才能和技巧的人，不管他是传教士、运动员、企业家、政治家、教师还是新闻记者。在美国，最让人乏味的是那些专业的演员。

对文化表示关注和忧虑的人，比如正在阅读此类书的人，会发现上面的这些例子并不罕见，已是司空见惯了。批评界不乏有识之士，他们注意并记录了美国公众话语的解体及其向娱乐艺术的转变。但他们中的大多数人，我相信，还没有开始探究这种变化的根源和意义。那些已经对此做过研究的人告诉我们，这一切都是走向穷途末路的资本主义的余渣，或者正相反，都是资本主义成熟后的无味的果实；这一切也是弗洛伊德时代神经官能症的后遗症，是人类任凭上帝毁灭而遭到的报应，是人性中根深蒂固

1　引自 1983 年 8 月 24 日的《威斯康星州日报》，第 1 页。

的贪婪和欲望的产物。

我仔细研读过这些阐述，从中不是没有学到东西。马克思主义、弗洛伊德理论，甚至神学家们，都是不能等闲视之的。在任何情况下，如果我的见解能够基本接近事实，我都会感到惊讶。正如赫胥黎所说的，我们没有人拥有认识全部真理的才智，即使我们相信自己有这样的才智，也没有时间去传播真理，或者无法找到轻信的听众来接受。但是在这里，你会发现一个比前人的理解更为透彻的观点。虽然这个观点并不深奥，但它的价值体现在其视角的直接性，这样的视角正是2300年前柏拉图提出的。根据这个观点，我们应该把焦点放在人类会话的形式上，并且假定我们会话的形式对于要表达的思想有重大的影响，容易表达出来的思想自然会成为文化的组成部分。

我形象地使用"会话"这个词，并不仅仅指语言，同时也指一切使某个文化中的人民得以交流信息的技巧和技术。在这样的意义上，整个文化就是一次会话，或者更准确地说，是以不同象征方式展开的多次会话的组合。这里我们要注意的是，公众话语的方式是怎样规范乃至决定话语内容的。

我们可以举一个简单的例子，比如原始的烟雾信号。虽然我不能确切地知道在这些印第安人的烟雾信号中传达着怎样的信息，但我可以肯定，其中不包含任何哲学论点。阵阵烟雾还不能复杂到可以表达人们对于生存意义的看法，即使可以，他们中的哲学家可能没有等到形成任何新的理论就已经用尽了木头和毡子。你根本不可能用烟雾来表现哲学，它的形式已经排除了它的内容。

再举一个我们更熟悉的例子：塔夫脱，我们的（美国）第27任总统，体重300磅，满脸横肉。我们难以想象，任何一个有着这种外形的人在今天会被推上总统候选人的位置。如果是在广播上向公众发表演讲，演讲者的体形同他的思想是毫不相干的，但是在电视时代，情况就大不相同了。300磅的笨拙形象，即使能言善辩，也难免淹没演讲中精妙的逻辑和思想。在电视上，话语是通过视觉形象进行的，也就是说，电视上会话的表现形式是形象而不是语言。政坛上形象经理的出现以及与此相伴的讲稿作家的没落证明了这样一点，就是：电视需要的内容和其他媒体截然不同。电视无法表现政治哲学，电视的形式注定了它同政治哲学是水火不相容的。

还有一个例子，更复杂一些：信息、内容，或者如果你愿意，可以称之为构成"今日新闻"的"素材"，在一个缺乏媒介的世界里是不存在的——是不能存在的。我并不是说，火灾、战争、谋杀和恋情从来没有在这个世界的任何地方发生过。我想说的是，如果没有用来宣传它们的技术，人们就无法了解，无法把这一切纳入自己的日常生活。简而言之，这些信息就不能作为文化的内容而存在。"今日新闻"的产生全然起源于电报的发明（后来又被其他更新的大众传播工具发扬光大），电报使无背景的信息能够以难以置信的速度跨越广阔的空间。"今日新闻"这种东西纯属技术性的想象之物，准确地说，是一种媒体行为。我们可以了解来自世界各地对于各种事件的片断报道，因为我们拥有适用于报道这些片断的多种媒体。如果某种文化中没有具有闪电般速度的传媒工具，如果烟雾信号仍是最有效的传播途径，那么这种文化就不会拥有"今日新闻"。如果没有媒体为新闻提供传播的形式，那么"今日新闻"就不会存在。

用平白的话语来说，这本书是对 20 世纪后半叶美国文化中最重大变化的探究和哀悼：印刷术时代步入没落，而电视时代蒸蒸日上。这种转换从根本上不可逆转地改变了公众话语的内容和意义，因为这样两种截然不同的媒介不可能传达同样的思想。随着印刷术影响的减退，政治、宗教、教育和任何其他构成公共事务的领域都要改变其内容，并且用最适用于电视的表达方式去重新定义。

马歇尔·麦克卢汉[1]有一句著名的警句："媒介即信息。"如果我上面所说的有引用之嫌，我绝不否认其中的联系。（虽然很多值得尊敬的学者觉得否认和他的联系很时髦，但是如果没有麦克卢汉，他们也许至今仍然默默无闻。）30 年前遇到麦克卢汉的时候，我还是一名研究生，而他也只是一个普通的英语教授。那时我就相信，现在仍然相信，他继承了奥威尔和赫胥黎的传统，

1　马歇尔·麦克卢汉（Marshall McLuhan, 1911—1980），加拿大传播理论家，认为计算机、电视等传播手段对社会及艺术、科学、宗教等产生强烈的影响，著作有《理解媒介：论人的延伸》《媒介即信息》。——译者注

对未来进行了预言。我对他的理论坚信不疑。他认为，深入一种文化的最有效途径是了解这种文化中用于会话的工具。我也许应该补充一点，最早激发我对这个观点产生兴趣的是一位比麦克卢汉更伟大，比柏拉图更古老的预言家。我年轻时研究过《圣经》，在其中我获得了一种启示：媒介的形式偏好某些特殊的内容，从而能最终控制文化。这种启示来自"十诫"中禁止以色列人制作任何具体形象的第二诫："不可为自己雕刻偶像，也不可做什么形象，仿佛上天、下地和地底下水中的百物。"和很多其他人一样，我那时很疑惑，为什么上帝要规定人们应该或不应该怎样用符号表现他们的经历。除非颁布训诫的人认定人类的交际形式和文化的质量有着必然联系，否则把这种禁令归于伦理制度之中的做法是不可理喻的。我们可以冒险做一个猜测：那些如今已经习惯于用图画、雕塑或其他具体形象表达思想的人，会发现他们无法像原来一样去膜拜一个抽象的神。犹太人的上帝存在于文字中，或者通过文字而存在，这需要人们进行最精妙的抽象思考。运用图像是亵渎神祇的表现，这样就防止了新的上帝进入某种文化。我们的文化正处于从以文字为中心向以形象为中心转换的过程中，思考一下摩西的训诫对我们也许是有益的。即使这些推想有不妥之处，我仍然认为它是明智而中肯的。我相信，某个文化中交流的媒介对于这个文化精神重心和物质重心的形成有着决定性的影响。

语言不愧为一种原始而不可或缺的媒介，它使我们成为人，保持人的特点，事实上还定义了人的含义。但这并不是说，除了语言之外没有任何其他媒介，人们还能够同样方便地以同样的方式讲述同样的事情。我们对语言的了解使我们知道，语言结构的差异会导致所谓"世界观"的不同。人们怎样看待时间和空间，怎样理解事物和过程，都会受到语言中的语法特征的重要影响，所以，我们不敢斗胆宣称所有的人类大脑对于世界的理解是一致的。

如果我们考虑到，在语言之外还有如此丰富多样的会话工具，我们就不难想象，不同文化在世界观方面会存在多大的分歧。虽然文化是语言的产物，但是每一种媒介都会对它进行再创造——从绘画到象形符号，从字母到电视。和语言一样，每一种媒介都为思考、表达思想和抒发情感的方式提供了新的定位，从而创造出独特的话语符号。这就是麦克卢汉所说的"媒介即信息"。但是，他的警句还需要修正，因为这个表达方式会让人们把信息和隐喻混淆起来。信息是关于这个世界的明确具体的说明，但是我们的媒介，包括那些使会话得以实现的符号，却没有这个功能。它们更像是一种隐喻，用一种隐蔽但有力的暗示来定义现实世界。不管我们是通过言语还是印刷的文字或是电视摄影机来感受这个世界，这种媒介—隐喻的关系帮我们将这个世界进行分类、排序、构建、放大、缩小和着色，并且证明一切存在的理由。恩斯特·卡西尔曾说过：

随着人们象征性活动的进展，物质现实似乎在成比例地缩小。人们没有直面周遭的事物，而是在不断地和自己对话。他们把自己完全包裹在语言形式、艺术形象、神话象征或宗教仪式之中，以至于不借助人工媒介，他们就无法看见或了解任何东西。[1]

媒介的独特之处在于，虽然它指导着我们看待和了解事物的方式，但它的这种介入却往往不为人所注意。我们读书、看电视或看手表的时候，对于自己的大脑如何被这些行为所左右并不感兴趣，更别说思考一下书、电视或手表对于我们认识世界有怎样的影响了。但是确实有人注意到了这些，尤其是在我们这个时代，刘易斯·芒福德[2]就是这些伟大观察者中的一个。他不是那种为了看时间才看钟表的人，这并不是因为他对大家关心的钟表本身的分分秒秒不感兴趣，而是他对钟表怎样表现"分分秒秒"这个概念更感兴趣。他思考钟表的哲学意义和隐喻象征，而这些正是我们的教育不甚了了的地方，钟表匠们对此更是一无所知。芒福德总结说："钟表是一种动力机械，其产品是分和秒。"在制造分秒的时候，钟表把时间从人类的活动中分离开来，并且使

1　恩斯特·卡西尔，《人论》，纽约花园城：双日出版社，铁锚丛书，1956，第43页。

2　刘易斯·芒福德（Lewis Mumford, 1895—1990），美国社会哲学家、教师、建筑及城市规划评论家，其著作多涉及人与环境的关系。——译者注

人们相信时间是可以以精确而可计量的单位独立存在的。分分秒秒的存在不是上帝的意图，也不是大自然的产物，而是人类运用自己创造出来的机械和自己对话的结果。

在芒福德的著作《技术与文明》中，他向我们展示了从 14 世纪开始，钟表是怎样使人变成遵守时间的人、节约时间的人和现在拘役于时间的人。在这个过程中，我们学会了漠视日出日落和季节更替，因为在一个由分分秒秒组成的世界里，大自然的权威已经被取代了。确实，正如芒福德所指出的，自从钟表被发明以来，人类生活中便没有了永恒。所以，钟表不懈的嘀嗒声代表的是上帝至高无上的权威的日渐削弱，虽然很少有人能意识到其中的关联。也就是说，钟表的发明引入了一种人和上帝之间进行对话的新形式，而上帝似乎是输家。也许摩西的"十诫"中还应该再加上一诫：你不可制作任何代表时间的机械。

字母带来了人与人之间对话的新形式，关于这一点，如今学者们已达成共识。人们说出的话不仅听得见，而且看得见——这不是一件小事，虽然关于这一点，我们的教育也未做太多评论。但是，很明显，语音的书写形式创造了一种新的知识理念，一种关于智力、听众和后代的新认识，这些东西柏拉图在其理论形成的初期就已经认识到了。他在《第七封信》中写道："没有一个有智力的人会冒险用语言去表达他的哲学观点，特别是那种会恒久不变的语言，例如用书面的文字记录下来。"他对此进行了详尽的阐述，他清楚地认识到，用书面文字记录哲学观点，不是这些观点的终结，而是这些观点的起点。没有批评，哲学就无法存在，书面文字使思想能够方便地接受他人持续而严格的审查。书面形式把语言凝固下来，并由此诞生了语法家、逻辑家、修辞学家、历史学家和科学家——所有这些人都需要把语言放在眼前才能看清它的意思，找出它的错误，明白它的启示。

柏拉图深知这一点，他知道书写会带来一次知觉的革命：眼睛代替了耳朵而成为语言加工的器官。相传，为了鼓励这种变化，柏拉图要求他的学生在来他的学园之前先学习几何学。如果确有其事，柏拉图就确实很明智，因为正如伟大的文学批评家诺思罗普·弗莱所说的："书面文字远不只是一种简单的提醒物：它在现实中重新创造了过去，并且给了我们震撼人心的浓缩的想象，而不是什么寻常的记忆。"[1]

柏拉图对于书面文字重要性的推断现在已被人类学家所深刻理解，特别是如果在他们所研究的文化中，语言是复杂对话的唯一源泉时。人类学家知道书面文字不仅仅是话音的回声，这一点诺思罗普·弗莱也曾提到过。这完全是另一种声音，是一流魔术师的把戏。在那些发明文字的人眼里，文字确有此神力。考虑到这些，那么埃及神话中把文字带给塔慕斯国王的月神透特同时也是魔术之神，就不足为奇了。我们这样的人也许看不出文字有何

---

[1] 弗莱，《伟大的代码：圣经与文学》，多伦多：学术出版社，1981，第227页。

神奇，但我们的人类学家知道，对于一个只有口头语言的民族，文字会显得多么奇特而富有魔力——这样的对话似乎没有对象，又似乎任何人都是对象。有什么比把问题诉诸文本时的沉默更奇怪的呢？有什么比向一个无形的读者倾诉，并且因为知道有一个无名的读者会反对或误解而修正自己更玄妙的呢？而这正是每一本书的作者必须做的。

提出上述的观点，是因为本书后面将讨论我们的民族怎样经历从文字魔术向电子魔术转换的巨大变化。我这里想要指出的是，把诸如文字或钟表这样的技艺引入文化，不仅仅是人类对时间的约束力的延伸，而且是人类思维方式的转变，当然，也是文化内容的改变。这就是为什么我要把媒介称作"隐喻"的道理。在学校里，老师非常正确地告诉我们，隐喻是一种通过把某一事物和其他事物做比较来揭示该事物实质的方法。通过这种强大的暗示力，我们脑中也形成了这样一个概念，那就是要理解一个事物必须引入另一个事物：光是波，语言是一棵树，上帝是一个明智而可敬的人，大脑是被知识照亮的黑暗洞穴。如果这些隐喻不再有效，我们一定会找到其他适用的：光是粒子，语言是一条河，上帝是一个微分方程（正如罗素曾经宣称的），大脑是一个渴望栽培的花园。

但是我们这种媒介—隐喻的关系并没有如此明了和生动，而是更为复杂。为了理解这些隐喻的功能，我们应该考虑到信息的象征方式、来源、数量、传播速度以及信息所处的语境。例如，钟表把时间再现为独立而精确的顺序，文字使大脑成为书写经历的石碑，电报把新闻变成商品。要想深刻理解这些隐喻，我们确实要费些周折。但是，如果我们能够意识到，我们创造的每一种工具都蕴含着超越其自身的意义，那么理解这些隐喻就会容易多了。例如，有人指出，12 世纪眼镜的发明不仅使矫正视力成为可能，而且还暗示了人类可以不必把天赋或缺陷视为最终的命运。眼镜的出现告诉我们，可以不必迷信天命，身体和大脑都是可以完善的。我觉得，如果说12 世纪眼镜的发明和20 世纪基因分裂的研究之间存在某种关联，那也不为过。

即使是显微镜这样不常用的仪器，也包含了令人惊讶的寓意，这种寓意不是关于生物学的，而是关于心理学的。通过展示一个肉眼看不见的世界，显微镜提出了一个有关大脑结构的解释。

如果事物总是不同于它的表象，如果微生物不可见地隐藏于我们的皮肤内外，如果隐形世界控制了有形世界，那么本我、自我和超我是否也可能不可见地隐藏在某个地方？精神分析除了充当大脑的显微镜之外还有什么？我们对于大脑的理解除了来自某些工具所产生的隐喻之外，还有什么途径？我们说一个人有126 的智商，又是怎么一回事？在人们的头脑里并不存在数字，智力也没有数量和体积，除非我们相信它有。那么，为什么我们还要相信它有呢？这是因为我们拥有可以说明大脑情况的工具。确实，我们思想的工具能帮助我们理解自己的身体：有时我们称自己的身体为"生物钟"，有时我们谈论自己的"遗传密码"，有时我们像看书一样阅读别人的脸，有时我们用表情传达自己的意图。

伽利略说过，大自然的语言是数学。他这样说只是打个比方。大自然自己不会说话，我们的身体和大脑也不会说话。我们关于大自然以及自身的对话，是用任何一种我们觉得便利的"语言"进行的。我们认识到的自然、智力、人类动机或思想，并不是它们的本来面目，而是它们在语言中的表现形式。我们的语言即媒介，我们的媒介即隐喻，我们的隐喻创造了我们的文化的内容。

第 2 章

媒介即认识论

　　在这本书里，我想展现给大家一个发生在美国的关于媒介—隐喻的巨大变化，作为这个变化的结果，那些危险的无稽之谈成了我们公众话语的重要部分。在以后的章节中，我的任务非常明确。首先，我想证明，在印刷机统治下的美国，话语和现在有很大不同——清晰易懂，严肃而有理性；其次，我想论证，在电视的统治下，这样的话语是怎样变得无能而荒唐的。但是，为了避免我的分析被理解成是对电视上的"垃圾"的司空见惯的抱怨，我必须先解释一下，我的焦点是放在认识论上，而不是放在美学或文学批评上。说实话，我对这些所谓"垃圾"的喜爱绝不亚于其他任何人，我也非常清楚地知道，印刷机产生的垃圾可以让大峡谷满得溢出来。而在生产垃圾这一点上，电视的资历还远远比不上印刷机。

　　因此，我对电视上的"垃圾"绝无异议。电视上最好的东西正是这些"垃圾",它们不会严重威胁到任何人或任何东西。而且,我们衡量一种文化,是要看其中自认为重要的东西,而不是看那些毫无伪装的琐碎小事。这正是我们的问题所在。电视本是无足轻重的,所以,如果它强加于自己很高的使命,或者把自己表现成重要文化对话的载体,那么危险就出现了。具有讽刺意义的是,这样危险的事正是知识分子和批评家一直不断鼓励电视去做的。这些人的问题在于,他们对待电视的态度还不够严肃。因为,和印刷机一样,电视也不过是一种修辞的工具。要想严肃对待电视,我们必须谈一谈认识论,否则其他任何评论都是没有意义的。

认识论是一门有关知识的起源和性质的复杂而晦涩的学问。和本书有关的是认识论对于真理的定义以及这些定义的来源所表现出来的兴趣。在这里,我特别想证明,真理的定义至少有一部分来自传递信息的媒体的性质。我想讨论的是,媒体在我们的认识论中充当了什么角色?

为了简单地说明本章标题的含义,我觉得有必要从诺思罗普·弗莱那里借用一个词。他把自己运用的原理称作"共鸣"。他写道:"通过共鸣,某种特定语境中的某个特定说法获得了普遍意义。"[1] 他举"愤怒的葡萄"[2] 为例。这个表达方式第一次

1　弗莱,《伟大的代码:圣经与文学》,多伦多:学术出版社,1981,第217页。
2　愤怒的葡萄(the grapes of wrath):意指骚动的根源,愤怒和暴力的起因。典出《圣经·启示录》。——译者注

出现是在《以赛亚书》中，人们庆祝即将到来的对于易得迈人[1]的屠杀。但是这个词组，弗莱继续写道："早已超越了这个语境并且进入了很多新的语境，这些新的语境赋予人类尊严，而不是仅仅反思它的盲从。"[2] 通过这样的阐述，弗莱把"共鸣"的概念扩展到词组和句子以外。戏剧或故事中的一个角色，比如哈姆雷特，或卡罗尔笔下的爱丽丝，也可以有共鸣。他还说，东西可以有共鸣，国家也不例外："希腊和以色列，这两个被割裂的国家，它们地理上的最小细节都会让我们良心不安，除非有一天它们出现在我们想象世界中的地图上，不论我们是否见过这两个国家。"[3]

在谈到"共鸣"的来源时，弗莱总结说隐喻是它的动力，也就是说，词组、书、角色或历史都具有组织不同态度或经历的力量，并且可以赋予它们以意义。于是，雅典成为优秀文化的象征，哈姆雷特代表了犹豫不决的忧思，爱丽丝的漫游象征着在无意义的语义世界中寻求秩序。

我们暂且离开弗莱（相信他不会有意见），但他所用的"共鸣"这个词还会伴随我们。我认为，任何一种媒介都有共鸣，因为共鸣就是扩大的隐喻。不管一种媒介原来的语境是怎样的，

1　易得迈人（Edomites），闪族人的一个部族。公元前 12—前 6 世纪居住在死海东南边的区域，时常与希伯来人发生冲突。——译者注

2　弗莱，《伟大的代码：圣经与文学》，多伦多：学术出版社，1981，第218页。

3　同上。

它都有能力越过这个语境并延伸到新的未知的语境中。由于它能够引导我们组织思想和总结生活经历，所以总是影响着我们的意识和不同的社会结构。它有时影响着我们对于真善美的看法，并且一直左右着我们理解真理和定义真理的方法。

为了解释媒介是怎样于无形之中影响文化的，我在这里举三个例子。

第一个例子来自西部非洲的一个部落。他们没有书面文字，但他们丰富的口述传统促成了民法的诞生。[1] 如果出现了纠纷，控诉人就会来到部落首领的面前陈述自己的不满。由于没有书面的法律可以遵循，首领的任务就是从他满脑子的谚语和俗语中找出一句适合当时情形的话，并使控诉人双方都满意。这一切结束之后，所有各方都会认为正义得到了伸张，真理重见天日了。当然，你会意识到这也是耶稣和其他《圣经》人物的方法，因为他们生活在一个完全口口相传的文化中，凭借语言的各种资源来发现和揭示真理，比如各种记忆的手法、公式化的表达方式和寓言。正如沃尔特·翁所指出的，在口口相传的文化中，谚语和俗语不是什么偶一为之的手法。"它们在我们的生活中绵延不断，它们构成思想自身的内容。没有它们，任何引申的思想都不可能存在，因为思想就存在于这些表达方式之中。"[2]

1　引自翁，《读写能力和印刷术的未来》，《通讯杂志》30∶1（冬季刊，1980年），第201—202页。

2　翁，《口语文化与书面文化》，纽约：麦休恩，1982，第35页。

对于我们这样的人，谚语和俗语通常只用于解决孩子之间的矛盾。"东西在手，败一胜九""先来先得""欲速则不达"，这些语言形式可以用来解决孩子的小危机，但如果在决定"严肃"问题的法庭上使用就会显得荒唐了。如果法官问陪审团是否形成意见，而陪审团回答说"犯错人皆难免，宽恕则属超凡"，甚至说"把现实事交给现世君主，把神的使命交给上帝"，你能想象会是什么情形吗？可能一瞬间法官会觉得很有趣，但如果陪审团不能马上提供一个"严肃"的语言形式，法官就可能会做出一个超长的判决。

法官、律师和被告都认为谚语或俗语不适合解决法律纠纷，正是在这一点上，媒介—隐喻关系把他们和部落首领区分开来。因为在以印刷物为主的法庭上，法律文书、案情摘要、引证和其他书面材料决定了寻求事实的方法，口述传统失去了共鸣——但不是全部。证词是口头的，因为人们认为口头表述比书面表述更能真实地反映证人的思想状况。确实，在许多法庭上，陪审员不允许记笔记，也不提供法官解释法律条文的书面材料。陪审员要听事实，而不是看。所以，我们可以说我们对于法律事实的理解存在共鸣的冲突：一方面，人们仍然相信口头语言的威力尚存，只有口头语言才可以代表真理；另一方面，人们更愿意相信书面文字的真实性，尤其是印刷文字。持第二种看法的人不能容忍诗歌、谚语、俗语、寓言或任何其他代表人类口头智慧的表达方式。法律是立法者和法官制定的。在我们的文化中，律师不需要聪明，他们只要了解案情就可以了。

　　另一个类似的矛盾是在大学里。在那里，共鸣的分布大致相同，也就是说，仍然有一些传统是基于"口头语言是真理的重要载体"而被保留下来，但大多数情况下，大学里对于真理的认识是同印刷文字的结构和逻辑密切相关的。为了说明这一点，我想用自己亲身经历的"博士生口试"中发生的一件事来做例子。这样的口试是大学里仍然流行的一种中世纪的仪式。我用"中世纪"这个词，指的是它的字面含义，因为在中世纪，学生们经常接受口试，并且人们渐渐地认识到考生口头解释其作品是一种必备的能力，于是这种传统被沿袭下来。当然，书面作品还是最重要的。

　　在我要说的这个例子中，到底什么样的方式才算是讲述事实的合法方式，被提上了一个很难实现的高度。一个考生在他的论文中写了一个脚注，想用来证明援引的出处。他写道："此系1981 年 1 月 18 日本调查者在罗斯福酒店亲耳听见，当时有阿瑟·林奇曼和杰罗尔德·格罗斯在场。"这个援引引起了五位口试老师中四位老师的注意，他们一致认为，这样的证明方式不妥，应该用著作或文章中的引文来代替。"你不是记者，"有一个教授说，"你要成为学者。"也许是因为该考生不知道有什么出版物可以证明他在罗斯福酒店中得到的信息，所以他极力为自己辩护，说当时有人在场，他们可以证明他引用部分的准确性；并且他还辩解道，表达思想的方式同思想的真实性无关。滔滔不绝之中，这个考生有些忘乎所以，他说他的论文中至少有 300 处从出版物中摘录的引文，考官们不可能一一对它们进行考证。他这样说，是想提出一个问题：你们为什么可以相信印刷文字的引用，却不能相信口头引用的内容呢？

他得到的回答是：你认为表达思想的方式同思想的真实性无关，这是错误的。在学术界里，出版的文字被赋予的权威性和真实性远远超过口头语言。人们说的话比他们写下来的话要随意。书面文字是作者深思熟虑、反复修改的结果，甚至还经过了专家和编辑的检查。这样的文字更加便于核对或辩驳，并且具有客观的特征，这就是为什么你在论文中称自己为"本调查者"而不是自己的名字。书面文字的对象从本质上来说是客观世界，而不是某个个体。书面文字可以长久存在，而口头语言却即刻消失，这就是为什么书面文字比口头语言更接近真理。而且，我们相信你一定更希望考试委员会提供一份书面说明证明你通过了考试（如果你通过的话），而不是仅仅告诉你你通过了。我们的书面说明代表的是"事实"，而我们的口头通知却只是一个传言。

除了表明将按照委员会的意见做出修改之外，该考生很明智地没有再说什么。他真诚地希望如果自己能通过"口试"，委员会将提供一份书面文件予以证明。他确实通过了，并且适时地写上了合适的文字。

第三个关于媒介对于认识论影响的例子来自对伟大的苏格拉底的审判。在开始为自己辩护之前，苏格拉底向 500 人的陪审团道歉，说自己没有很好地准备发言。他告诉他的雅典兄弟他可能会结巴，希望他们不要因此打断他，他请求他们把他当作一个陌生的外乡人，并且承诺一定会不加任何修饰和技巧地告诉他们事实。这样的开场白当然是苏格拉底的特点，但这不是他所生活的那个时代的特点。苏格拉底应该清楚地认识到，他的雅典兄弟从来不认为修辞原则同表达事实的方式是互不相干的。像我们这样的人在苏格拉底的请求中可以找到很多意趣，因为我们习惯于把修辞当作语言的一种装饰品——往往表现得矫饰、肤浅和多余。但对于发明修辞的人，对于那些公元前 5 世纪希腊的诡辩家及他们的后裔，修辞不仅仅是戏剧表现的一个机会，而且是组织证据的不可或缺的方式，因而也是交流事实的方式。[1]

修辞不仅仅是雅典教育中的关键部分（远比哲学重要），而且是一种重要的艺术方式。对于希腊人来说，修辞是口头写作的一种形式，虽然它往往有口头表演的性质，它揭示真理的力量最终存在于书面文字有序展开论点的力量之中。尽管苏格拉底本人驳斥这种观点（我们可以从他的请求中猜测出来），但他的同时代人相信，修辞是"正确的观点"得以被发现和阐明的正确途径。忽视修辞原则，杂乱无章地表达自己的思想，缺乏正确的重点或得体的激情，都会被认为是有辱听众智力或者暗示说话人自己的错误。所以，我们可以假定，280 个陪审员之所以投票宣判

1　翁，《口语文化与书面文化》，纽约：麦休恩，1982，第109页。

苏格拉底有罪，是因为他的态度同所陈述的事实不相吻合，而他们认为这两者是紧密相关的。

我用这些例子想要说明的是，对于真理的认识是同表达方式密切相连的。真理不能，也从来没有毫无修饰地存在。它必须穿着某种合适的外衣出现，否则就可能得不到承认，这也正说明了"真理"是一种文化偏见。一种文化认为用某种象征形式表达的真理是最真实的，而另一种文化却可能认为这样的象征形式是琐碎无聊的。确实，对于亚里士多德时代的希腊人来说，在他们那个时代以及他们之后的两千年里，科学事实都是通过对一系列不言自明的前提进行推理而发现和表述出来的，这就解释了为什么亚里士多德会相信女人的牙齿比男人少，以及刮北风时怀孕的小孩儿更健康。亚里士多德结过两次婚，但据我们所知，他从来没有想过要数一数两任夫人中任何一任的牙齿。至于他对于生孩子的见解，我们可以肯定他没有用过任何问卷或者躲在别人的卧室里偷看。这样的行为在他看来是庸俗而多余的，因为这不是用来验证事实的方法——推理逻辑的语言提供了一条更可靠的道路。

我们不必因此就嘲笑亚里士多德的偏见，我们自己也不乏偏见，例如我们这些现代人总认为可以把真理和数量对等起来。在这一点上，我们和毕达哥拉斯及其追随者的神秘信念有惊人的相似之处，他们认为数是万物的本原。我们的很多心理学家、社会学家、经济学家和其他当今的政客往往借助数字来陈述事实，否则就一无所能。例如，你能想象一个现代经济学家通过背诵一首诗歌，或者讲述在东圣路易斯的一次深夜漫步所发生的一切，来解释我们的生活标准吗？甚至只是通过说出一串谚语和寓言，或者关于富人、骆驼和针眼的俗语来这样做？背诵诗歌会被视为无聊，深夜漫步只是一件逸事，谚语或俗语简直就是幼稚。但是，这些语言形式确实能够说明经济关系以及其他的任何关系，而且为很多人所使用。对于深受"媒介即隐喻"这种观念影响的现代人来说，数字是发现和表述经济学真理的最好方式。也许这是对的，但似乎还不足为证。我只是希望人们注意到，决定用什么方式来揭示真理其实是有些武断的。我们一定都记得，伽利略只是说大自然的语言是数学，他没有说一切的语言都是数学，甚至连描述大自然的特征时也不一定要使用数学语言。在人类历史中的大多数时期，大自然的语言是神话和宗教仪式的语言。这些形式具有让人类和大自然相安无事的优点，并使人们相信人类是大自然的一部分。人们绝不能随时准备炸掉地球，然后大肆赞扬自己找到了谈论自然的真正途径。

有些讲述事实的方法优于其他方法，所以这会对采用这些方法的文化产生健康的影响。我这样说不是想要宣扬认识论的相对论。我希望能让你们相信，印刷文化的认识论在日益衰退，电视文化的认识论在同步壮大，这些都会在大众生活中产生严重的后果，其中一个后果就是我们将变得越来越可笑。这就是为什么我要极力强调，任何讲述事实的形式之所以重要，是因为其产生的影响会发挥巨大的作用。"眼见为实"作为一条认识论的公理，从来都享有重要的地位，但"话说为实""阅读为实""计算为实""推理为实"和"感觉为实"的重要性，随着文化中媒介的变化，也在跌宕起伏。随着一种文化从口头语言转向书面文字，再从印刷术转向电视，关于真理的看法也在不断改变。尼采说过，任何哲学都是某个阶段生活的哲学。我们还应该加一句，任何认识论都是某个媒介发展阶段的认识论。真理，和时间一样，是人通过他自己发明的交流技术同自己进行对话的产物。

既然智力主要被定义成人掌握事物真理的一种能力，那么一种文化的智力就决定于其重要交流方式的性质。在一个纯粹口语的文化里，智力常常同创造警句的能力相关，即创造具有广泛适用性的精辟俗语的能力相关。据说，所罗门知道3000条谚语。在一个印刷文字的社会里，有这样才能的人充其量被人看作怪人，甚至是自大的讨厌鬼。在一个纯粹口语的社会里，人们非常看重记忆力，由于没有书面文字，人的大脑就必须发挥流动图书馆的作用。忘记一些事该怎样说或怎样做，对于社会是一件危险的事，也是愚蠢的表现。在印刷文字的文化里，记住一首诗、一张菜单、一条法规或其他大多数东西只是为了有趣，而绝不会被看作高智商的标志。

虽然读这本书的人都了解印刷文字和智力之间关系的一般性质，但是，如果你考虑一下你读这本书时应达到什么要求，就可能会得出一个更具体的定义。首先，你应该相当长一段时间保持基本不动。如果你做不到这一点（读这本书或其他书都一样），那么在我们的文化里，你就会被认为是运动功能亢进或是不守纪律，至少是有什么智力缺陷。印刷文字对于我们的身体和大脑都提出了相当苛刻的要求。但是，控制你的身体是最低限度的要求。你还必须学会注意书本上文字的形状。你必须看穿它们，这样你才能直接了解这些形状所代表的意思。如果你仅仅专注于文字的形状，那么你就是一个让人不能容忍的低效读者，会被人当作傻子。如果你已经学会了怎样不受外观的干扰去理解意义，那么你就应该采取一种超然而客观的态度，这包括你要能够区分文字的感官愉悦、魅力或奉承语气（如果有的话）和文字所表达的观点之间的逻辑。同时，你还必须能够根据语言的语气去判断作者对于所写内容和读者的态度。换句话说，你必须知道笑话和观点之间的区别。在判断观点性质的时候，你要同时做几件事情，包括把判断推迟到整个观点完成时做出；把问题记在脑中，直到你已经决定何时、何地或是否能回答它们；用你所有相关的经历作为现有观点的反证。你还必须能够舍弃那些同所涉观点无关的知识和经历。在你做这些准备的时候，你必须摒弃原来认为文字具有魔力的看法，更重要的是，你要接受一个抽象的世界，因为这本书里几乎没有什么词组和句子要求你联想具体的形象。在铅字的文化里，我们可以说某个人不够聪明，需要给他画张图才能帮助他理解。而现在，聪明则意味着我们不借助图画就可以从容应对一个充满概念和归纳的领域。

在一个用铅字表达真理的文化里，能够做到这一切甚至更多的话，就构成了智力的基本定义。在后面的两章中，我想告诉大家，18世纪和19世纪的美国也许是有史以来最以铅字为中心的文化。在更后面的章节里，我想证明，在20世纪，我们对于真理的看法和对智力的定义随着新旧媒介的更替发生了很大变化。

但是，我不想过于简单地看待这个变化。这里，我想用三点来做个总结，并以此答复细心的读者可能已经提出的相反观点。

第一点是，我从来没有说过，媒介的变化带来了人们思想结构或认知能力的变化。确实有人提出过这样的观点，或类似的观点（例如杰尔姆·布鲁纳、杰克·古迪、沃尔特·翁、马歇尔·麦克卢汉、朱利安·杰恩斯和埃里克·哈夫洛克[1]）。我很愿意认为他们是对的，但我的观点不需要我这样做。所以，我不想证明这样的可能性，即根据皮亚杰的理论，只有口头语言的人在智力上不及有书面文字的人，而"电视文化"里的人比前两者都表现得智力低下。我的观点仅仅是说，一种重要的新媒介会改变话语的结构。实现这种变化的途径包括：鼓励某些运用理解力的方法，偏重某些有关智力和智慧的定义以及创造一种讲述事实的形式，从而使某个词语具有某种新的内容。我想再次说明，在这件

1　杰尔姆·布鲁纳在《认知成长的研究》中写道，成长"既是从外到里的，也是从里到外的"，"（认知成长的）很大一部分在于人获得肌肉运动、感觉和反射的能力"。（第1—2页）

杰克·古迪在《野蛮人的驯化》中写道："（书写）改变了那些不能阅读的人对于世界的表象。"他还写道："字母的存在改变了人们要处理的问题的类型，并且改变了人们处理这些问题的方法。"（第110页）

事上，我不是相对论者，我相信电视创造出来的认识论不仅劣于以铅字为基础的认识论，而且是危险和荒诞的。

第二点是，我提出的认识论变化还没有包括（也许永远不能）任何人和任何事。一些旧的媒介事实上已经消失了（比如象形文字和装饰华美的手稿），与它们相关的规则和认知习惯也随之消失了，但其他形式的对话还将被保留下来，比如口头语言和书面文字。所以，像电视这样的新媒介产生的认识论所带来的影响并不是没有争议的。

对这个问题，我觉得这样考虑会有所帮助：符号环境中的变化和自然环境中的变化一样，开始都是缓慢地累积，然后突然达到了物理学家所说的临界点。一条被逐渐污染的河流会突然变得有毒，大多数鱼类都灭绝了，游泳成为一种危险。但即使是这样，这条河看上去还是正常的，人们还可以在上面划船。换句话说，即使河里的生命都已经死亡，这条河还是存在的，它的用途也还没有消失，但它的价值大大降低了，并且它恶劣的条件对于周围环境会产生不良的影响。我们的符号环境也是一样的情况。我相信，我们也已经达到了一种临界点。在这种情况下，电子媒介决定性地、不可逆转地改变了符号环境的性质。在我们的文化里，信息、思想和认识论是由电视而不是铅字决定的。我们不否认，现在仍有读者，仍有许多书在出版，但是书和阅读的功能和以往是大不相同了。即使在铅字曾经被认为具有绝对统治地位的学校里，情况也未能例外。有人相信电视和铅字仍然共存，而共存就意味着平等。这是一种自欺欺人的想法。根本没有什么平等，铅字只是一种残余的认识论，它凭借电脑、报纸和被设计得酷似电视屏幕的杂志还会这样存在下去。像那些在有毒的河流中幸免于难的鱼儿以及那个仍在上面划船的人一样，我们的心中仍保留着过去那条清清小河的影子。

第三点是，在我上面打的比方中，河流主要是指公众话语——对话所采用的政治、宗教、信息和商业的形式。我说的只是以电视为中心的认识论污染了大众交流和相关活动，而不是说它污染了一切。首先，我不断提醒自己，电视给那些老弱病残以及在汽车旅馆里饱尝孤独寂寞的人带来了无尽的安慰和快乐。我也意识到电视在为大众提供一个电影院方面具有很大潜力（我认为我们还没有对此给予足够的重视）。也有人提出，虽然电视削弱了人们的理性话语，但它的情感力量是不容忽视的，它会让人们反对越南战争或种族歧视。对于这些好处，我们不能视而不见。

我之所以不愿被人误解为是在攻击电视，还有一个原因。任何稍稍了解人类交流历史的人都知道，每一种思想的新工具的诞生都会达到某种平衡，有得必有失，虽然这种平衡并不是绝对的。有时是得大于失，有时是失大于得。我们在或毁或誉时要十分小心，因为未来的结果往往是出人意料的。印刷术的发明就是一个典型的例子。印刷术树立了个体的现代意识，却毁灭了中世纪的集体感和统一感；印刷术创造了散文，却把诗歌变成了一种奇异的表达形式；印刷术使现代科学成为可能，却把宗教变成了迷信；印刷术帮助了国家民族的成长，却把爱国主义变成了一种近乎致命的狭隘情感。

很显然，我的观点是，400 年来占据绝对统治地位的印刷术利大于弊。我们现代人对于智力的理解大多来自印刷文字，我们对于教育、知识、真理和信息的看法也一样。随着印刷术退至我们文化的边缘以及电视占据了文化的中心，公众话语的严肃性、明确性和价值都出现了危险的退步，这就是我希望说清楚的。但是，对于同种情形下可能出现的好处，我们也应该保持坦诚的态度。

第 3 章

印刷机统治下的美国

在《本杰明·富兰克林自传》中,有一段来自迈克尔·威尔法尔的精彩引语。此人是德美浸礼会教派的创始人之一,与富兰克林相交多年。事情的起因是威尔法尔向富兰克林抱怨,说其他宗教派别的狂热分子四处散布关于德美浸礼会教派的谣言,指责他们宣扬令人发指的教义,而这一切实际上都是子虚乌有的。富兰克林建议他们发表文章阐明自己的信仰和原则,认为这样可以让谣言不攻自破。威尔法尔答复说,他的教友们曾经讨论过这样的做法,但最终还是否决了。他用以下这段话解释了他们的理由:

在人类社会存在之初,上帝以启蒙人智为乐,他让我们意识到,有些我们尊为真理的其实是谬误,有些我们斥为谬误的却是真正的真理。他不时地为我们拨去迷雾，使我们不断完善自己的原则，改正自己的错误。在这个过程中，他得到了无限的满足。现在我们不知道我们是否达到了发展的终极，是否达到了精神知识或神学知识的完满，我们担心，如果我们裹足不前，不愿意接受他人的意见，那么我们的后人会效仿我们，认为我们——他们的前辈和创立者，所做的一切都是神圣的，是不可丝毫背离的。[1]

富兰克林认为他们的这种谦逊在人类历史上的各教派中是罕见的。我们当然可以用"谦逊"二字形容他们的态度，但这段话的意义远胜于此。它对于书面文字的认识论的批评可以同柏拉图的观点相媲美。摩西本人也许会对这段话产生兴趣，虽然他未必能同意。德美浸礼会教派的观点近乎制定了一条关于宗教话语的诫令："不可记录汝等之教义，更不可将其印刷成文，否则汝等将永远受其束缚。"

不管怎样，我们都会认为，关于德美浸礼会教派讨论结果的记录未能传之于世，毕竟是一个重大的损失，否则本书的观点——表达思想的方式将影响所要表达思想的内容——将更为彰显。更重要的是，他们的讨论结果是殖民地时代的美利坚人质

1　富兰克林，《本杰明·富兰克林自传》，纽约：麦克纳姆出版社，1968，第 175 页。

疑铅字的一个独一无二的例子，因为富兰克林时代的美利坚人比世界上任何时期的任何人都更依赖铅字的力量。不管人们对于那些新英格兰的新居民们有过怎样的评述，最重要的一个事实就是：他们以及他们的子孙都是热诚而优秀的读者，他们的宗教情感、政治思想和社会生活都深深植根于印刷品这个媒介。

我们知道，随"五月花"号[1]进入美洲的行李中有几本书，其中最重要的是《圣经》和约翰·史密斯的《新英格兰记》。（我们可以猜想，对于驶向未知世界的移民们来说，后者得到的重视会更多。）我们也知道，在殖民地时代的早期，每个牧师都会得到 10 英镑来启动一个宗教图书馆。虽然当时的文化普及率很难估计，但有足够的证据表明（大多来自签名），在 1640 年到 1700 年间，马萨诸塞和康涅狄格两个地方的文化普及率达到了 89%—95%。这也许是当时世界上具有读写能力的男人最集中的地方了。[2]（在 1681 年到 1697 年间，殖民地妇女的文化普及率大约为 62%。[3]）

不难理解，《圣经》是所有家庭的必读书，因为这些人都是新教教徒，他们和路德一样，相信印刷品"是上帝天恩的最高

1　"五月花"号：英国第一艘载运清教徒移民驶往北美殖民地的船只。——译者注

2　哈特，《通俗书籍：美国文学趣味的历史》，纽约：牛津大学出版社，1950，第 8 页。

3　同上。

表现形式，耶稣的教义将借此被不断推广"。当然，耶稣的教义也可能是通过《圣经》以外的书得到推广的，例如1640年印刷的著名的《海湾州圣歌》，当时该书被视为美洲的第一畅销书。但我们也不能认定这些人只读宗教书籍，那个时期的遗嘱记录表明，在1654年到1699年间，米德尔塞克斯县60%的家庭拥有藏书，其中92%的家庭拥有《圣经》以外的书。[1] 事实上，在1682年到1685年间，波士顿最大的书商仅从一个英国书商那里就进口了3421册书，其中大多数都是非宗教书籍。如果有人再补充说明一下，这些书仅仅是住在北部殖民地的7.5万居民的需求量，那么3421册书这个数字的意义就更清楚了。[2] 放在现代，相等的需求量就该是上千万册了。

除了加尔文清教徒的宗教要求他们能识文断字这个原因之外，还有另外三个因素也能解释这些来到新英格兰的殖民者们对于铅字的痴迷。第一，既然17世纪英国男性的文化普及率不到40%，我们可以猜测，移民到新英格兰的人大多应来自英国文化教育程度较高的地区或阶层。[3] 换句话说，他们热爱读书，相信到新的世界里读书仍然非常重要，就像在过去一样。第二，1650

　　1　哈特，《通俗书籍：美国文学趣味的历史》，纽约：牛津大学出版社，1950，第8页。
　　2　同上，第15页。
　　3　洛克里奇，《早期美国的读写教育，1650—1800》，选自《西部的读写教育和社会发展》，纽约：剑桥大学出版社，1981，第184页。

年之后，几乎所有的新英格兰城镇都通过了法令，要求建立"读写学校"，一些大的社区还要求建立语法学校。[1] 这些法令都提到了撒旦，认为他的邪恶力量将被教育摧毁。当然，推行教育还有其他原因，我们从下面这首流行于 17 世纪的小诗中可以略见一斑：

> 公立学校是知识的源泉，
>
> 学习是人们神圣的权利。[2]

真正统治这些人思想的并不是撒旦。早在 16 世纪，人们的认识论就发生了巨大的变化，任何一种知识都要通过铅字来表达和传播。关于这个变化，刘易斯·芒福德写道："印刷书籍比任何其他方式都更有效地把人们从现时现地的统治中解放出来……铅字比实际发生的事实更有威力……存在就是存在于铅字之中：其他的一切都将渐渐地成为虚无。所谓学习就是书本的学习。"[3] 从这些话中，我们可以推断，在殖民者们看来，年轻人的学习不仅仅是一种道德上的义务，同时也是智力开发的一条必要途径。

---

1 洛克里奇，《早期美国的读写教育，1650—1800》，选自《西部的读写教育和社会发展》，纽约：剑桥大学出版社，1981，第 184 页。

2 哈特，《通俗书籍：美国文学趣味的历史》，纽约：牛津大学出版社，1950，第 47 页。

3 芒福德，《技术与文明》，纽约：哈考特，布瑞斯和世界，1934，第 136 页。

（他们的故乡——英国，就是一个学校之国。1660 年以前，英国有 444 所学校，每 12 英里就有一所学校。[1]）很明显，文化教育程度的提高同学校教育是分不开的。在学校教育还没有普及的地方（比如罗德岛）或学校法规还不完善的地方（比如新罕布什尔），文化普及率的上升比其他地方缓慢得多。

最后一点，这些身处异乡的英国人不需要印刷自己的书，甚至不需要培养自己的作家。他们从自己的故国原封不动地搬来高深的文学传统。1736 年，书商们大事宣传《观察家》《闲谈者》和斯蒂尔的《卫报》。1738 年出现了关于洛克《人类理解论》、蒲柏《荷马史诗》、斯威夫特《一只澡盆的故事》和德莱顿《寓言》的广告。[2] 耶鲁大学校长蒂莫西·德怀特曾精辟地描写过当时美洲的情况：

> 几乎每一种类型、每一种题材的书都已经有人为我们写就。在这方面，我们是得天独厚的，因为我们和大英帝国的人说同一种语言，而且大多数时候能与他们和平相处。和他们之间的贸易关系长期为我们带来大量的书籍，艺术类、科学类以及文学类的书籍，这些书大大

1　斯通，《英国的教育革命：1500—1640》，《过去和现在》第 28 期（1964 年 7 月），第 42 页。
2　哈特，《通俗书籍：美国文学趣味的历史》，纽约：牛津大学出版社，1950，第 31 页。

地满足了我们的需要。[1]

这种情形产生的一个重要结果就是：殖民地美洲没出现文化贵族。阅读从来没有被视为上等人的活动，印刷品广泛传播在各类人群之中，从而形成了一种没有阶级之分的、生机勃勃的阅读文化。丹尼尔·布尔斯廷这样写道："阅读蔚然成风。四处都是阅读的中心，因为压根儿就没有中心。每个人都能直接了解印刷品的内容，每个人都能说同一种语言。阅读是这个忙碌、流动、公开的社会的必然产物。"[2] 到 1772 年的时候，雅各布·杜谢已经可以做出这样的评论："特拉华河畔最穷苦的劳工也认为自己有权像绅士或学者一样发表对宗教或政治的看法……这就是当时人们对于各类书籍所表现出来的兴趣，几乎每个人都在阅读。"[3]

在这样一个阅读蔚然成风的地方，托马斯·潘恩 1776 年 1 月 10 日出版的《常识》能在当年 3 月之前卖掉 10 万册，也就不足为奇了。[4] 如果是在 1985 年，那么一本书必须卖掉 800 万册（两个月之内）才能比得上当时潘恩著作所吸引的人口比例。我们再看一看 1776 年 3 月的情况，霍华德·法斯特为我们提供了

1　布尔斯廷，《美国人：殖民地历程》，纽约：文泰奇出版社，1958，第 315 页。

2　同上。

3　哈特，《通俗书籍：美国文学趣味的历史》，纽约：牛津大学出版社，1950，第 39 页。

4　同上，第 45 页。

一组更让人叹服的数字："没有人知道到底印了多少册，最保守的数字是30万册，也有人说是50万册。如果说当时300万人口需要印刷40万册书，那么今天的一本书需要卖掉2400万册才能比得上。"[1] 在今天的美国，唯一能吸引这么多人注意力的传媒活动大概只有美国橄榄球超级杯赛了。

在这里，我们应该稍稍停顿一下，来谈谈托马斯·潘恩，因为在很大程度上，他可以代表他那个时代高度而广泛的文化教育程度。我特别想提出的一点是，虽然他出身低微，但他从来没有像莎士比亚一样被人质疑过是不是其著作的真正作者。确实，我们对潘恩生平的了解要多于莎士比亚（虽然对潘恩的早期生活也知之甚少），我们也知道潘恩所受的正规教育远不如莎士比亚。在来美洲之前，他生活在社会的最底层。尽管有这样的不利条件，但是他的关于政治哲学和辩证法的著作观点明确，生命力经久不衰，丝毫不输（数量上也许不如）伏尔泰、罗素和包括伯克在内的同时代英国哲学家。但是从来没有人问过：这样一个来自英国穷人阶级、没有受过教育的胸衣制造商怎么可能写出如此震撼人心的文章？有的时候，潘恩的教育背景会成为其敌人的攻击目标（他本人也因为这个缺陷而感到自卑），但从来没有人怀疑过这样强有力的文章会出自一个普通人。

我们也应该提一下，潘恩影响力最大的一本书的全名是

1　法斯特，《序言》，第10页。

"常识——一个英国人所著"。这个副标题很重要，因为正如我们前面提到的，殖民地时代的美洲人没有写过什么书，关于这一点，富兰克林解释说是因为美洲人忙于其他事情。也许是这样的。但是，美洲人的忙碌并没有影响他们利用印刷机，甚至是为了根本不是他们自己写的书而利用印刷机。美洲的第一台印刷机诞生于1638年，属于当时只有两年历史的哈佛大学。[1] 之后不久，在没有不列颠王国政府的帮助下，波士顿和宾夕法尼亚也有了自己的印刷机。这是一个让人吃惊的事实，因为那时在利物浦、伯明翰以及其他英国城市都不允许使用印刷机。[2] 最早的印刷机用于印刷时事通讯，通常都是用廉价的纸张。也许我们可以说，美洲文学的滞后不是因为人们的惰性或英国文学的广泛流行，而是因为缺少优质的纸张。到了独立战争时期，乔治·华盛顿还不得不用难看的纸片给他的将领们写信，他的急件甚至连信封都没有，因为纸实在是太宝贵了。[3]

但是到了17世纪末期，一种本土文学开始起步，这也同美洲文化对印刷术的偏爱不无关系。这里的文学当然指的是报纸。本杰明·哈里斯于1690年9月5日在波士顿出版了一份共三页

1　这台印刷机不是美洲大陆上出现的第一台印刷机。西班牙人在此100年前已经在墨西哥建立了一个印刷厂。

2　莫特，《美国新闻：260年来美国报纸的历史，1690—1950》，纽约：麦克米伦，1950，第7页。

3　布尔斯廷，《美国人：殖民地历程》，纽约：文泰奇出版社，1958，第320页。

的报纸，名叫"国内外公共事件报"。这是美国人第一次涉足报纸。在哈里斯来美洲之前，他参与"揭露"了一个子虚乌有的、有关天主教徒屠杀新教教徒并纵火伦敦的阴谋。他在伦敦的报纸《伦敦邮报》上揭露了"教皇的阴谋"，结果天主教徒受到残酷的迫害。[1] 哈里斯对于谎言已是司空见惯，他在《公共事件》（*Publick Occurrences*）的内容说明中提到，报纸对于抗击盛行于波士顿的谎言是非常必要的。他用以下的话作为内容说明的总结："喜欢我这个提议的人可能会因此承担罪名。"哈里斯的这种猜测是完全正确的。第二期的《公共事件》再也没有面世。市长和市议会查禁了他的报纸，并且指责他发表了"非常偏激的言论"。[2] 他们的这种反应说明，他们根本不想容忍任何人成为他们的障碍。就这样，在美洲这个新的世界里，人们开始了争取信息自由的斗争，而这样的斗争在英国已经进行了一个世纪之久。

哈里斯的失败激励了其他人对于报纸的尝试：《波士顿新闻信札》出版于 1704 年，它被认为是第一份连续发行的美洲报纸。在此之后，《波士顿公报》（1719 年）和《新英格兰新闻报》（1721 年）相继问世，它们的编辑詹姆斯·富兰克林是本杰明·富兰克林的哥哥。在 1730 年之前，有 7 种报纸定期在 4 个殖民地出

---

1 莫特，《美国新闻：260 年来美国报纸的历史，1690—1950》，纽约：麦克米伦，1950，第 9 页。
2 李，《美国新闻史》，波士顿：胡顿米菲林，1917，第 10 页。

版。1800 年前，报纸的数目上升到 180 种。1770 年，《纽约公报》用下面的这段话（节选）来庆祝自己和其他报纸的成功：

> 这是事实（让我们向大学表示敬意）。
> 报纸是知识的源泉，
> 是现代人每一次对话的灵感来源。[1]

到了 18 世纪末，塞缪尔·米勒教士自豪地宣称，美国已经拥有相当于英国 2/3 的报纸，而人口只占英国的一半。[2]

1786 年，本杰明·富兰克林评论道，美国人醉心于报纸和小册子，以至于没有时间来看书。（有一本书是个例外，那就是诺亚·韦伯斯特的《美国拼写课本》，此书在 1783 年到 1843 年间销售了 2400 万册。）[3] 富兰克林所说的"小册子"，也应该引起我们的注意。伴随报纸在各殖民地广泛传播的还有各种小册子和大幅印刷品。亚历西斯·德·托克维尔在他 1835 年出版的《论美国的民主》一书中提到了这个事实："在美国，各党派之间不是通过写书来反驳对方的观点，而是通过散发小册子，这些

1　布尔斯廷，《美国人：殖民地历程》，纽约：文泰奇出版社，1958，第 326 页。

2　同上，第 327 页。

3　哈特，《通俗书籍：美国文学趣味的历史》，纽约：牛津大学出版社，1950，第 27 页。

小册子以惊人的速度在一天之内迅速传播，而后消失。"[1] 在下面这段话中，他也提到了报纸和小册子："枪炮的发明使奴隶和贵族得以在战场上平等对峙；印刷术为各阶层的人们打开了同样的信息之门，邮差把知识一视同仁地送到茅屋和宫殿前。"[2]

在托克维尔发表这番议论的时候，印刷术已经传播到了美国的各个地区。南方和北方相比，不但在办学方面落后（南方几乎所有的学校都是私立的），而且在使用印刷机方面也晚了一步。例如，弗吉尼亚州一直到 1736 年才有了自己的第一份定期出版的报纸——《弗吉尼亚报》。但是到了 18 世纪末，通过铅字传播思想的运动蓬勃发展，很快成为一次全国范围的对话。例如，亚历山大·汉密尔顿、詹姆斯·麦迪逊和约翰·杰伊（全部用"帕布利厄斯"的化名）写了 85 篇支持美国宪法的文章，1787 年至 1788 年间，这些文章原本只是出现在纽约的报纸上，但后来在南方的影响完全不逊于在北方。

进入 19 世纪的美国，在它所有的地区都开始形成了一种以铅字为基础的文化。在 1825 年至 1850 年间，收费图书馆的数目翻了三番。[3] 那些专门为劳动阶层开设的图书馆也开始出现，并成为提高文化教育程度的一种手段。1829 年，"纽约学徒图书

---

1 托克维尔，《论美国的民主》，纽约：文泰奇出版社，1954，第 58 页。

2 同上，第 5—6 页。

3 哈特，《通俗书籍：美国文学趣味的历史》，纽约：牛津大学出版社，1950，第 86 页。

馆"有 1 万册藏书，曾有 1600 名学徒在此借书阅读。到 1851
年，这个图书馆已向 75 万人提供了服务。[1] 由于国会在 1851 年
降低了邮费，因而几分钱一张的报纸、杂志、星期天学校手册和
简装书唾手可得。在 1836 年到 1890 年间，1.07 亿册《麦加菲读
本》被分发到各个学校。[2] 虽然当时并不提倡阅读小说，美国人
仍然表现得如饥似渴。塞缪尔·古德里奇就沃尔特·司各特
1814 年到 1832 年间发表的小说写过这样一段话："他笔下诞生
的任何一部新作在美国产生的轰动更胜于拿破仑的某些战役……
每个人都在读他的小说，不论是名人雅士抑或凡夫俗子。"[3] 出
版商为了得到某些潜在的畅销书，有时甚至会派信使去等候邮
船，然后"在一天之内，把布尔沃或狄更斯的最新小说印刷装
订成书"。[4] 那时还没有国际版权法，"盗版"书四处泛滥，大
众对此绝无微词，那些被视为名人的作者也不能有所抱怨。1842
年狄更斯访问美国的时候，他所得到的待遇简直可以同现在我们
对电视明星、体育明星和迈克尔·杰克逊的崇拜相媲美。狄更斯
在给朋友的信里写道："我无法向你形容我所受到的欢迎，人群
四处追随着、欢呼着，各种富丽堂皇的舞会和酒会，各种公众人

1　柯蒂，《美国思想的成长》，纽约：哈珀与罗，1951，第 354—355 页。
2　哈特，《通俗书籍：美国文学趣味的历史》，纽约：牛津大学出版社，
1950，第 102 页。
3　同上，第 74 页。
4　柯蒂，《美国思想的成长》，纽约：哈珀与罗，1951，第 337 页。

物左右相随，这个地球上大概没有一个国王或皇帝有过这样的待遇……如果我乘着马车，人群就会把车簇拥起来并送我回家；如果我进了剧院，所有的人都会起立，然后音乐从头开始。"[1] 美国的本土作家——哈丽雅特·比彻·斯托夫人从来没有得到过如此的瞩目。在南方，如果她的马车被人围住，那绝对不是为了送她回家。但是她的《汤姆叔叔的小屋》在出版的第一年还是发行了30.5万册，相当于今日美国的400万册。

亚历西斯·德·托克维尔不是唯一惊叹于美国印刷业的外国客人。19世纪中叶，很多英国人来到美国想亲自看看殖民地的变化，这里高度而广泛的文化普及率给他们所有人都留下了深刻的印象。[2]

同时，他们还为另一个现象所叹服，那就是演讲厅的普及。在这些演讲厅里，程式化的演讲为铅字传统提供了持续巩固的手段。很多这样的演讲厅起源于"学园运动"——一种成人教育形式。据说这个运动是由一个新英格兰的农夫发起的，其目的是传播知识、推行普通学校、设立图书馆以及建立演讲厅。1835年前，在美国的15个州中有3000多个演讲厅，[3] 但大多数都在

1　哈特，《通俗书籍：美国文学趣味的历史》，纽约：牛津大学出版社，1950，第102页。

2　伯格，《在美国的英国旅游者，1836—1860》，纽约：哥伦比亚大学出版社，1943，第183页。

3　柯蒂，《美国思想的成长》，纽约：哈珀与罗，1951，第356页。

阿勒格尼山东部。到了 1840 年，一些边远地区，比如艾奥瓦州和明尼苏达州，也出现了演讲厅。英国人阿尔弗雷德·邦恩在进行了一次长时间考察之后，于 1835 年写了一份报告。"几乎每个村庄都有自己的演讲厅，"他说，"在辛苦劳作了一天之后，年轻的工人、疲劳的工匠、倦怠的女工都不约而同地涌进拥挤的演讲厅。"[1] 巴恩的同乡 J·F·W·约翰森在史密森学会听过讲座，他"发现演讲厅里通常有 1200—1500 人"。[2] 在那些演讲的人中有当时一流的知识分子、作家和幽默家（他们同时也是作家），比如亨利·沃德·比彻、霍勒斯·格里利、路易斯·阿加西斯和 R·W·爱默生（他的演讲报酬是 50 美元）。[3] 马克·吐温在他的自传里，用两章的篇幅描述了他作为"学园运动"巡回演讲员的经历。"1866 年，我开始在加利福尼亚和内华达演讲，我在纽约演讲过一次，在密西西比河流域讲过几次；1868 年，我参加了西部巡回演讲的全过程；在此后的大半年时间里，我还参加了东部巡回演讲。"[4] 很明显，爱默生得到的报酬是很低的，因为马克·吐温提到，有些演讲人在乡镇演讲的报酬是 250 美元，

　　1　伯格，《在美国的英国旅游者，1836—1860》，纽约：哥伦比亚大学出版社，1943，第 158 页。

　　2　同上。

　　3　柯蒂，《美国思想的成长》，纽约：哈珀与罗，1951，第 356 页。

　　4　马克·吐温，《马克·吐温自传》，纽约：哈普兄弟出版社，1959，第 161 页。

在城市里则要提高到 400 美元（按照现在的标准，这相当于一个退休电视播音员演播的价格）。

所有这些例子都表明，从一开始到 19 世纪，美国比任何一个社会都痴迷于铅字以及建立在铅字基础上的演讲术。这种情形的出现只有一部分是受新教传统的影响。理查德·霍夫施塔特[1]提醒我们，美国是一个由知识分子建立的国家，这在现代历史上是罕见的。他写道："这些开国元勋都是智者、科学家、学养高深之人，他们中的很多人都精于古典学问，善于借助熟知的历史、政治和法律来解决当时紧迫的问题。"[2] 这样的人建立起来的社会是不会朝别的方向发展的。我们甚至可以说：美国是由知识分子建立起来的国家，我们用了两个世纪和一次传播革命来改变这种状况。霍夫施塔特对于美国公众生活中的这种反知识分子的努力有过令人信服的分析。但是他也承认，他分析的重心扭曲了事实的全貌，这就像原本要写一部美国经济史，但重点却放在了破产史上一样。[3]

铅字在公众话语的各种舞台中产生的影响是持久而强大的，这不仅是因为印刷品的数量，更重要的是因为它的**垄断地位**。这

1　理查德·霍夫施塔特（Richard Hofstadter，1916—1970），美国历史学家。他认为，在美国政治历史中一再反映出来的杰弗逊民主主义的平等的、民众的思想，使许多美国人产生一种根深蒂固的反知识分子的偏见。——译者注

2　霍夫施塔特，《美国生活中的反智主义》，纽约：阿尔弗莱德·A·瑙普夫，1964，第 145 页。

3　同上，第 19 页。

一点应该得到足够的重视，特别是对于那些不愿承认过去和现在的媒介环境存在重大差别的人来说。有时我们会听到有人说，如今的印刷品远远多于过去，这无疑是对的。但是从 17 世纪到 19 世纪末，印刷品几乎是人们生活中唯一的消遣。那时没有电影可看，没有广播可听，没有图片展可参观，也没有唱片可放。那时更没有电视。公众事务是通过印刷品来组织和表达的，并且这种形式日益成为所有话语的模式、象征和衡量标准。印刷文字，特别是说明文的线性结构的影响，四处可以感受到，例如，它影响着人们说话的方式。托克维尔在《论美国的民主》中写道："美国人不会交谈，但他会讨论，而且他说的话往往会变成论文。他像在会议上发言一样和你讲话，如果讨论激烈起来，他会称与他对话的人'先生们'。"[1] 这种奇怪的现象与其说是美国人固执的一种反映，不如说是他们根据印刷文字的结构进行谈话的一种模式。既然印刷文字的读者是非特指的，那么托克维尔这里指的谈话无疑正是一种印刷文字式的口语。在口头话语中，它表现出多种形式。例如，在布道坛上，布道者用一种庄重的语气读出书面准备好的讲稿，语气中充满"关于神性的客观分析，并希望将这种神性通过自然和自然法规揭示给人类"。[2] 即使在信仰复兴运动向自然神论者的这种冷静分析提出了挑战时，充满激情的

1　托克维尔，《论美国的民主》，纽约：文泰奇出版社，1954，第 260 页。

2　约翰·C·米勒，《第一个开拓者：殖民地美国的生活》，纽约：戴尔，1966，第 269 页。

布道者仍然还是使用一种能轻易转换成书面语言的演讲术。在这些布道者中，最有魅力的是乔治·怀特菲尔德。从 1739 年开始，他在美洲各地广为传道。在费城，面对上万名听众，他向他们保证，如果拒绝了耶稣，他们将身陷永久的地狱之火。这番话令众人惊恐不已。本杰明·富兰克林亲耳聆听过怀特菲尔德的演讲，他随即决定成为其出版人。很快，怀特菲尔德的日记和布道词便由费城的富兰克林出版了。[1]

但是，很显然，我并不是说印刷术只是影响了公众话语的形式。只有意识到形式决定内容的实质这一点，我的观点才会显示出其重要性。如果有读者认为我的这个观点过于"麦克卢汉化"，那么我可以引用马克思在《德意志意识形态》中的一段话："如果印刷机存在，这世上是否还可能有《伊利亚特》？"他反问道："有了印刷机，那些吟唱、传说和思考难道还能继续吗？这些史诗存在的必备条件难道不会消失吗?"[2] 马克思完全明白，印刷机不仅是一种机器，更是话语的一种结构，它排除或选择某些类型的内容，然后不可避免地选择某一类型的受众。他没有深入这个话题，但其他一些人毅然担起了这个任务。我也是

1　约翰·C·米勒，《第一个开拓者：殖民地美国的生活》，纽约：戴尔，1966，第271页。

2　马克思，恩格斯，《德意志意识形态》，纽约：国际出版社，1972，第150页。

这些人中的一个，我要探索印刷机作为一种象征和认识论，是怎样使公众对话变得严肃而理性的，而今日的美国又是怎样远远背离这一切的。

第4章

印刷机统治下的思想

亚伯拉罕·林肯和斯蒂芬·道格拉斯[1]之间七场著名辩论的序幕，是1858年8月21日在伊利诺伊州的奥托瓦拉开的。按照事先约定，道格拉斯先发言半个小时，然后林肯做一个半小时的答复，最后由道格拉斯再次发言半个小时来反驳林肯。这次辩论持续的时间在两人的历次辩论中算是相当短促的。事实上，在此之前他们已经交锋过几次，每一次都是唇枪舌剑，不到筋疲力尽誓不罢休。1854年10月16日，在伊利诺伊州的皮奥里亚，道格拉斯首先发言3个小时，按照约定，他发言之后应该是林肯做答复。当轮到林肯发言的时候，他提醒听众当时已是下午5点钟，他可能需要和道格拉斯一样长的时间，而且在他发言之后，按规

---

1 斯蒂芬·道格拉斯（Stephen Douglas，1813—1861），美国民主党领袖和演说家。毕生疯狂鼓吹美国扩张政策。——译者注

定道格拉斯还要继续反驳。他建议听众们先回家吃饭，然后再精神饱满地回来继续聆听 4 个多小时的辩论。[1] 听众们非常愉快地接受了这个建议，一切都照林肯的计划进行。

这是怎样的听众啊？这些能够津津有味地听完 7 个小时演讲的人是些什么样的人啊？我们顺便还应该提一下，林肯和道格拉斯都不是总统候选人，在他们进行辩论的时候，他们甚至还不是美国参议员候选人。但是他们的听众并不特别关心他们的政治级别，这些人把这样的场合作为政治教育的一部分，他们认为这是社会生活的组成部分，而且他们早已习惯这种极为耗时的演讲。当时的各种集市上常常有演讲的节目，大多数演讲者可以得到 3 个小时的时间来陈述观点，而且既然演讲者都不希望打无对手之仗，他们的反对者也会得到同样多的时间来反驳。（我们应该指出，并不是所有的演讲者都是男人，在斯普林菲尔德持续了几天的一次集市上，"每天晚上都有一个女人在院子里做关于'妇女在当今进步运动中的影响'的演讲"。[2]）

更重要的是，这些人不仅仅依赖集市或特别场合来满足自己对于演讲的需要。"树墩"演讲者在当时非常盛行，特别是在西部各州。在伐木之后的树墩边或任何一块空地上，只要有演讲者，他的周围就会聚集起一群人听他说上两三个小时。虽然这些

1　斯巴克斯，《林肯—道格拉斯 1858 年的辩论》，伊利诺伊州历史图书馆，1908，第 4 页。

2　同上，第 11 页。

听众非常专注并对演讲者表示足够的尊重，但他们绝不会沉默不语或无动于衷。在林肯和道格拉斯的辩论过程中，常常有人大叫着来鼓励其中一方（"告诉他，亚伯！"）或表示蔑视（"有本事你就快回答！"）。如果听到什么精彩之处，他们常常情不自禁地鼓掌。在奥托瓦的第一次辩论中，道格拉斯以一句发人深省的话来回答经久不息的掌声。"我的朋友们，"他说，"在讨论这些问题的时候，沉默比掌声更得体，我希望你们能够用自己的评判力、理解力和良知来听我的演讲，而不是用你们的激情或热情。"[1] 对于听众的良知，甚至他们的判断力，我们无法过多评判，但谈到他们的理解力却是有话可说了。

首先，用当今的标准来衡量，那时的听众具有超常的注意广度。今天有哪一个美国听众能够容忍 7 个小时的演讲？或者 5 个小时？甚至 3 个小时？尤其是在没有任何图片的情况下？其次，那时的听众必须具备非凡的、理解复杂长句的能力。道格拉斯在奥托瓦半个小时的演讲中包括了三个关于废除黑奴制度的决议，这三个决议句法复杂，措辞符合严格的法律行文。林肯的答词更为复杂，他引用了他在另一个场合进行演讲的书面稿。虽然林肯的语言风格一向以简约著称，但在这些同道格拉斯进行的辩论中，他的句子结构却是复杂而微妙的，丝毫不亚于他的对手。在

1　斯巴克斯，《林肯—道格拉斯 1858 年的辩论》，伊利诺伊州历史图书馆，1908，第 87 页。

伊利诺伊州的弗里波特进行的第二场辩论中，林肯用以下这段话向道格拉斯作答：

> 你们很容易意识到，我不能在半个小时之内，涵盖一个像道格拉斯法官这样的能人在一个半小时里讲到的所有方面；所以，如果有什么是他已经提到的，你们也想听听我的看法，而我却未做任何评论，我希望你们能够明白，要我充分评论他的所有观点是不可能的。[1]

很难想象，白宫的现任主人能够在类似的情况下组织起这样的句子。如果他能够，恐怕也要让他的听众百思不得其解或精神高度紧张了。电视文化中的人们需要一种对于视觉和听觉都没有过高要求的"平白语言"，有些时候甚至要通过法律规定这样的语言。葛底斯堡演讲对于今天的听众来说，恐怕近乎天书。

林肯和道格拉斯的听众们对于辩论内容显然有着充分的理解，包括历史事件和复杂政治问题的知识。在奥托瓦，道格拉斯一下子抛给林肯7个问题。如果听众不熟悉其中的背景，这些问

1　有人质疑这些辩论文字稿的准确性。罗伯特·希特逐字报道了这些辩论，有人指责他修改了林肯辩论中的"用词不当"。当然，说这些话的肯定是林肯的政敌，他们因为林肯表现出来的超人感染力深感不安。希特竭力否认他曾修改过林肯的演讲稿。

题就失去了意义。这些背景包括斯科特案判决[1]、道格拉斯和布坎南总统的争吵、部分民主派人士的不满、废除黑奴制度的纲领以及林肯著名的"裂屋"演说[2]。在后来回答道格拉斯的问题时，关于什么是他"有责任"倡导的，什么是他真正相信的，林肯做了非常微妙的区分。如果不能确认听众明白他的目的，他是不会做此尝试的。最后，即使两人都到了开始使用简单吵架用语的地步（比如对骂和攻击对方），他们仍然不忘利用复杂的修辞手段——讽刺、似是而非的隽语、复杂的隐喻、细微的区别以及寻找对手的自相矛盾，所有这些都只有在听众能完全理解的前提下才能起到各自的作用。

但是，如果你认为这些 1858 年的听众是理性行为的典范，那也大错特错了。林肯和道格拉斯的所有辩论都是在狂欢节般的气氛中进行的，乐队高声演奏（虽然辩论时是停下来的），小贩叫卖他们的商品，孩子们奔跑嬉闹，大人们喝酒说笑。这些演讲的场合也是重要的社交场所，但这丝毫没有降低演讲者的身份。正如我前面提到的，在这些听众的社会生活中，文化生活和公共事务已经有机地融合在了一起。正如温斯罗普·赫德森指出的，即使是循道宗信徒举办的野营集会也把野餐和听演讲结合起来。[3]

1　指美国黑奴斯科特向州法院要求自由人身份，结果败诉。——译者注

2　指南方和北方在黑奴问题上的分歧，林肯借"裂屋"暗喻国家所处的危险状态。——译者注

3　赫德森，《美国的宗教》，纽约：查尔斯·斯克瑞伯纳家族，1965，第 5 页。

确实，大多数野营营地最初都是为了宗教目的而设立的——纽约的肖托夸夏季教育集会、新泽西州的海洋树林、密歇根州的海湾之景以及北卡罗来纳州的朱纳鲁斯卡，但后来都被改为会议中心，用于教育和开发民智。换句话说，作为复杂论证的一种手段，语言在几乎所有的公众领域都是一种重要而常见的话语方式。

要了解那些聆听林肯和道格拉斯辩论的听众，我们应该记住，这些人都是启蒙运动者的孙子和孙女。他们是富兰克林、杰弗逊、麦迪逊和汤姆·潘恩的后裔，是被亨利·斯蒂尔·康马杰称为"理性王国"的 18 世纪美国的继承者。我们应该承认，在这些人中也有边远地区的居民，他们有的几乎没有受过任何教育，有的是不会讲英语的移民。我们也应该承认，到 1858 年，照片和电报的发明结束了理性王国的时代，但这样的结果却是一直到 20 世纪才明显表现出来的。在林肯和道格拉斯辩论的时候，美国正处于其辉煌的文学创作的中期。1858 年，埃德温·马卡姆[1] 6 岁，马克·吐温 23 岁，艾米莉·狄金森[2] 28 岁，惠特曼[3] 和詹姆斯·拉塞尔·洛威尔[4] 39 岁，梭罗[5] 41 岁，梅尔维

1　埃德温·马卡姆（Edwin Markham, 1852—1940），美国诗人。——译者注
2　艾米莉·狄金森（Emily Dickinson, 1830—1886），美国女诗人。——译者注
3　惠特曼（Walt Whitman, 1819—1892），美国著名诗人。——译者注
4　詹姆斯·拉塞尔·洛威尔（James Russel Lowell, 1819—1891），美国诗人、评论家、外交家。——译者注
5　梭罗（Henry David Thoreau, 1817—1862），美国作家。——译者注

尔[1] 39 岁，惠蒂尔[2]和朗费罗[3] 51 岁，霍桑[4]和爱默生[5]分别是
54 岁和 55 岁，爱伦·坡[6]则已经辞世 9 年了。

我选择林肯和道格拉斯的辩论作为本章的开头，不仅因为他
们是 19 世纪中叶政治话语的杰出典范，同时也因为他们充分证
明了印刷术控制话语性质的力量。那时的演讲者和听众都习惯于
充满书卷气的演讲。在那种喧闹的社交场所，除了语言，演讲者
无所奉献，听众无所期盼；而且，那种语言完全是书面语的风
格。对于那些读过林肯和道格拉斯辩论的读者来说，这是不言而
喻的。道格拉斯在开始演讲前做了下面这番介绍，很能代表他后
来演讲的风格：

> 女士们，先生们：我今天出现在你们面前，是为了
> 讨论几个困扰民众思想的政治问题。根据我和林肯先生
> 的安排，作为两个重要政党的代表，我们今天在这里就
> 两党存在分歧的问题进行一次联合讨论。今天到场的听

1　梅尔维尔（Herman Melville, 1819—1891），美国作家。——译者注
2　惠蒂尔（John Greenleaf Whittier, 1807—1892），美国诗人。——译者注
3　朗费罗（Henry Wadsworth Longfellow, 1807—1882），美国诗人。——译者注
4　霍桑（Nathaniel Hawthorne, 1804—1864），美国小说家。——译者注
5　爱默生（Ralph Waldo Emerson, 1803—1882），美国散文作家、诗
人。——译者注
6　爱伦·坡（Edgar Allan Poe, 1809—1849），美国作家、文艺评论家。——译
者注

众如此之多，证明这些问题确实是和民众息息相关的。[1]

这样的语言完全是书面语，即使是用于演讲，也不能掩盖这个事实。从如今已经无法和铅字产生强烈共鸣的人们来看，用耳朵加工如此复杂的信息实在令人叹服。林肯和道格拉斯不仅事先准备好演讲稿，就连反驳对手的话也是事先写好的。即使在进行即兴辩论时，两人使用的句子结构、句子长度和修辞手法也不脱书面语的模式。当然，在他们的演讲中也有纯粹口语的东西，毕竟他们两个都无法做到对听众的情绪无动于衷。但是，印刷术的影响无处不在，到处是论证和反论证、要求和反要求、相关文本的批评和对对手措辞的百般挑剔。总而言之，林肯和道格拉斯的辩论像是从书本上照搬过去的文章。这就是为什么道格拉斯要批评他的听众，他说他需要的是听众的理解而不是激情，他的听众应该是沉思默想的读者，而他的演讲就是他们进行思考的文章。这使我们不得不考虑这样的问题：书面形式的公众话语代表了什么含义？其内容的特征是什么？它对公众的要求是什么？它偏爱什么样的思维？

我们首先必须认识到一个明显的事实，那就是：印刷文字，

1　斯巴克斯，《林肯—道格拉斯 1858 年的辩论》，伊利诺伊州历史图书馆，1908，第 86 页。

或建立在印刷文字之上的口头语言，**具有某种内容**：一种有语义的、可释义的、有逻辑命题的内容。这听上去可能有点儿怪，但是，既然我要在下文中论证当今话语中意义的丧失，我不妨多费些笔墨先说几句。在任何利用语言作为主要交际工具的地方，特别是一旦语言付诸印刷机，就不可避免地成为一个想法、一个事实或一个观点。也许这个想法平淡无奇，这个事实毫不相干，这个观点漏洞百出，但是只要语言成为指导人思维的工具，这些想法、事实或观点就会具备某种意义。虽然有的时候会有例外，但如果要写下一个英语句子却不想表达任何意义，那是很困难的。文字除了表达意义还有什么用处呢？除了作为意义的载体，文字没有太多的好处。文字的形状看上去并不特别有趣，即使把句子读出来，它的声音也未必有吸引力，除非这些句子的作者是具有超凡诗歌才能的人。如果一个句子不能起到陈述事实、表达请求、提出问题、明确主张或做出解释的作用，那它就毫无意义，就只是一个语法的空壳。所以，流行于 18 世纪和 19 世纪的美国的话语以语言为中心，意义丰富、内容严肃。

如果要传达意义，内容自然就要严肃。作者在写下一个句子后总希望能说明一点儿东西，也希望读者能明白其中的意思。当作者和读者为句子的语义绞尽脑汁的时候，他们面对的其实是对智力最大的挑战。对于读者更是如此，因为作者并不是一直值得信任的。他们撒谎，他们陷入迷茫，他们过于笼统，他们滥用逻辑甚至常识。读者对此必须有备而来，用知识武装好自己。这不是一件容易的事，因为读者往往是孤独地面对文本的。在阅读的时候，读者的反应是孤立的，他只能依靠自己的智力。面对印在纸上的句子，读者看见的是一些冷静的抽象符号，没有美感或归属感。所以，阅读从本质上来说是一件严肃的事情，当然也是一项理性的活动。

从16世纪的伊拉斯谟[1]到20世纪的伊丽莎白·爱森斯坦，几乎每个探讨过阅读对于思维习惯有什么影响的学者都得出一个结论，那就是阅读过程能促进理性思维，铅字那种有序排列的、具有逻辑命题的特点，能够培养沃尔特·翁所说的"对于知识的分析管理能力"。阅读文字意味着要跟随一条思路，这需要读者具有相当强的分类、推理和判断能力。读者要能够发现谎言，明察作者笔头流露的迷惑，分清过于笼统的概括，找出滥用逻辑和常识的地方。同时，读者还要具有评判能力，要对不同的观点进行对比，并且能够举一反三。为了做到这些，读者必须和文字保持一定距离，这是由文本自身不受情感影响的特征所决定的。这就是为什么一个好的读者不会因为发现了什么警句妙语而欣喜若狂或情不自禁地鼓掌——一个忙于分析的读者恐怕无暇顾及这些。

我并不是说在书面文字存在之前分析思维是不可能的，我这

1　伊拉斯谟（Desiderius Erasmus，约1466—1536），文艺复兴时期尼德兰人文主义者。——译者注

里所指的不是个人的潜力，而是一种文化气质的倾向。在印刷术统治下的文化中，公众话语往往是事实和观点明确而有序的组合，大众通常都有能力进行这样的话语活动。在这样的文化中，如果作者撒谎、自相矛盾、无法证明自己的观点或滥用逻辑，他就会犯错误。在这样的文化中，如果读者没有判断力，他也会犯错误；如果他对一切漠不关心，情况则会更糟。

在18世纪和19世纪，印刷术赋予智力一个新的定义，这个定义推崇客观和理性的思维，同时鼓励严肃、有序和具有逻辑性的公众话语。先后出现在欧洲和美国的理性时代与印刷文化并存，并不是什么巧合。印刷术的传播点燃了人们的希望，至少人们可以理解、预测和控制这个世界以及存在于这个世界上的种种奥秘。到了18世纪，科学——对知识进行分析管理的典范，开始了对这个世界的改造。也是在18世纪，资本主义被证明是一种理性而开明的经济生活制度，宗教迷信遭到猛烈攻击，王权的神圣受到挑战，人们认识到社会需要不断地进步，普及教育势在必行。

也许下面这段选自约翰·斯图尔特·穆勒[1]自传的文字能够代表印刷术所带来的积极意义：

我父亲完全信任人自身的影响力，他认为，如果所

1　约翰·斯图尔特·穆勒（John Stuart Mill, 1806—1873），英国哲学家、经济学家、逻辑学家。

有的人都能够读书识字，如果人们能够通过口头或书面自由地了解各种观点，如果通过投票人们可以指定一个立法机关来执行他们所接受的观点，那么世上的一切事情都是可以做到的。[1]

　　当然，这是一个从来就没有实现过的愿望。不论是在英国，还是在美国，印刷术从来没有让理性如此彻底地出现在历史上的任何一个时期。但是，我们也不难证明，18世纪和19世纪的美国公众话语，由于深深扎根于铅字的传统，因而是严肃的，其论点和表现形式是倾向理性的，具有意味深长的实质内容。

　　让我们用宗教话语为例来加以论证。18世纪的宗教信徒们深受理性主义传统的影响。新的世界让人们享受充分的宗教自由，这意味着，除了理性，没有人能使用任何其他力量为不信教者指点迷津。"在这里，自然神论大有用武之地，"埃兹拉·斯蒂尔斯1783年在一次著名的布道中这样说，"无神论者无须抱怨受到任何武器的威胁，他们面对的只有温和而有力的论点和事实。"[2]

　　且不说这些无神论者，我们知道自然神论者确实是生逢其时了。美国的前四任总统可能都是自然神论者。杰弗逊当然是不信

　　1　穆勒，《约翰·穆勒自传》，波士顿：胡顿米菲林，1969，第64页。
　　2　赫德森，《美国的宗教》，纽约：查尔斯·斯克瑞伯纳家族，1965，第110页。

耶稣的,他担任总统的时候,写过不同版本的4本福音书,其中绝口不提那些"奇妙"的故事,只保留了耶稣教义的伦理内容。相传杰弗逊当选总统后,年老的妇女含泪藏起了她们的《圣经》。如此说来,如果托马斯·潘恩当选总统或成为政府什么其他高官,这些妇人要做何反应就很难想象了。在《理性时代》一书中,潘恩大力抨击《圣经》和后来的所有基督教神学。关于耶稣,潘恩承认他是一个德高望重、亲切和蔼的人,但那些关于他神性的故事却被潘恩斥为荒诞不经的。作为一个理性主义者,潘恩是对《圣经》进行了细致的文本分析才得出这样的结论的。他写道:"所有的教堂,不论是犹太教、基督教或土耳其教,在我看来都只不过是人的发明,是为了吓唬和奴役人类、垄断权力和利益而建立的。"[1] 因为写作了《理性时代》,潘恩失去了他在开国元勋神殿中的位置(直到今天,美国的历史课本对此仍态度暧昧)。埃兹拉·斯蒂尔斯没有说过无神论者和自然神论者是受人爱戴的:只有让理性作为陪审团时,他们才可能在一个开放的法庭上拥有发言权。他们确实做到了这一点。得益于法国大革命燃起的热情,自然神论者的斗争成了一次全民的运动。他们攻击教堂是社会进步的敌人,批评宗教迷信是理性的敌人。[2]当然,教堂奋起反击,在自然神论者失去吸引力之后,他们开始

1　潘恩,《理性时代》,纽约:彼得·艾克勒出版公司,1919,第6页。

2　赫德森,《美国的宗教》,纽约:查尔斯·斯克瑞伯纳家族,1965,第132页。

内部争斗。到 18 世纪中期，西奥多·弗里林海森和威廉·坦南特在长老会教友中领导了一次宗教奋兴运动。在他们之后有 3 个伟大人物参与了美国的"大觉醒运动"，即乔纳森·爱德华兹[1]、约翰·怀特菲尔德和后来 19 世纪的查尔斯·芬尼。

这些人都是非常成功的传教者，他们的影响达到了理性无法控制的意识领域。据说，怀特菲尔德只要说出"美索不达米亚"这几个字，就会让他的听众泪流满面。这也许就如亨利·考斯威尔 1839 年所写的："宗教狂热据说是美国精神病的最主要形式。"[2]但是我们应该记住，18 世纪和 19 世纪奋兴运动倡导者和传统教堂为不同教义的争论是通过行文理智、逻辑严密的小册子和书进行的。如果我们把比利·格雷厄姆或其他电视上的福音奋兴派人士当作当今的乔纳森·爱德华兹或查尔斯·芬尼，那就大错特错了。爱德华兹是美国历史上最聪明、最富创造力的人之一。他对美学理论的贡献和他对神学的贡献几乎一样重要。他潜心学术，常常每天在书房里待上很长时间。他从不即兴向听众发言，他总是朗读他的布道词，他对神学教义的论述观点明确、逻辑严密。[3] 听众可能会被爱德华兹的语言感动，但首先最重要的一点是他们需

1　乔纳森·爱德华兹（Jonathan Edwards，1703—1758），美国基督教清教派最大的神学家和哲学家。——译者注

2　佩里·米勒，《美国的思想：从大革命到国内战争》，纽约：哈考特，布瑞斯和世界，1965，第 15 页。

3　赫德森，《美国的宗教》，纽约：查尔斯·斯克瑞伯纳家族，1965，第 65 页。

要理解其意义。爱德华兹的名声源自他 1737 年出版的《上帝感化北安普顿数百灵魂之忠实记录》。他后来于 1746 年出版的《信仰的深情》被认为是美国最杰出的心理学研究著作之一。

和今天"大觉醒运动"的重要人物不同的是，昔日美国奋兴运动的领导人都是学养精深之人，他们崇尚理性，具有不凡的辩论天赋。他们与宗教组织的争论不仅涉及神学和意识的本质，同时也涉及宗教的启示。例如，芬尼绝不是其对手有时贬称的"来自穷乡僻壤的乡巴佬"，[1] 他接受过律师的训练，写过一本关于系统神学的重要著作，后来还成为欧伯林学院的教授和校长。

各教派之间的纷争在 18 世纪是通过论述严谨的说理进行的，到了 19 世纪则是利用建立大学作为解决矛盾的应急手段。有时候我们会忘记，美国的教堂为我们的高等教育制度奠定了良好的基础。哈佛大学是为了给基督教公理会培养教士而于 1636 年创办的。65 年后，当公理会内部为教义争论不休时，耶鲁大学成立了，目的是为了纠正哈佛大学的松散风气（但到了今天，它自己也难免这样的弊端）。公理会这种重视知识的努力得到了其他教派的效仿，尤其是他们创办大学的热情。长老会创办了田纳西大学（1784 年）[2]、华盛顿与杰弗逊学院（1802 年）[3] 以及拉

1　赫德森，《美国的宗教》，纽约：查尔斯·斯克瑞伯纳家族，1965，第143 页。

2　原书如此，应为1794 年。——编者注

3　原书如此，应为1781 年。——编者注

法耶特学院（1826 年）。浸礼会创办了科尔盖特大学（1817年）、乔治·华盛顿大学（1821 年）、福尔曼大学（1826 年）、丹尼森大学（1832 年）和维克森林大学（1834 年）。新教圣公会创办了霍巴特和威廉·史密斯学院（1822 年）、圣三一学院（1823 年）和凯尼恩学院（1824 年）。循道宗教在 1830 年至1851 年间创办了 8 所大学，包括卫斯里大学、埃默里大学和德堡大学。除了哈佛大学和耶鲁大学，公理会还创办了威廉斯学院（1793 年）、明德学院（1800 年）、阿姆赫斯特学院（1821 年）和欧伯林学院（1833 年）。

如果说这种对于文化和学识的痴迷是一种"精神病的形式"，就像考斯威尔在评论美国宗教生活时所说的，那么就让这种精神病更多一些吧。在 18 世纪和 19 世纪，美国的宗教思想和宗教组织被一种质朴、博学的话语形式统治着，而这正是今天的宗教生活所缺少的。要想找出过去和现代公众话语形式的不同，最好的方法莫过于对乔纳森·爱德华兹同当今杰里·福尔韦尔、比利·格雷厄姆或奥拉尔·罗伯茨之流的神学观点进行对比。要想理解爱德华兹的神学观点，人们必须开启智力；但是，如果当今电视新教徒们也有什么神学观点的话，恐怕他们还未能清楚地表达出来。

如果我们把目光投向法律系统，也同样会发现，在以印刷品为基础的文化和以电视为基础的文化中，话语特征的区别是非常明显的。

在以印刷品为基础的文化中，律师往往受过良好教育，相信理性，擅长论证。在美国历史上，人们常常忽视了一点，那就是如亚历西斯·托克维尔所说的，律师这个职业代表了"脑力劳动的一个特权团体"。一些律师被奉为民间英雄，比如亚拉巴马州的普伦蒂斯，或伊利诺伊州"诚实"的亚伯拉罕·林肯。而当今电视里出庭律师的表演根本无法同林肯操纵陪审团的机智表现相比。美国法律界的大牌人物，比如约翰·马歇尔、约瑟夫·斯托里、詹姆斯·肯特、戴维·霍夫曼、威廉·沃特和丹尼尔·韦伯斯特，都是崇尚理性、学识渊博的知识分子典范。他们认为，虽然民主有种种的好处，但它无疑形成了一种助长不受约束的个人主义的危险。他们希望在美国通过"建立理性的法律"来拯救文明。[1] 基于这样崇高的理想，他们相信，法律不应该仅仅是一个学识渊博的行业，同时也应该是一个公正开明的行业。著名的法学教授乔布·泰森提出，一个律师应该熟悉塞内加[2]、西塞罗和柏拉图的著作。[3] 乔治·沙斯伍德也许是预见到了 20世纪法律教育的衰落，早在 1854 年就指出，单纯阅读法律书籍有害大脑，"如果只拘泥于耳熟能详的专门术语，就会丧失对事

1　佩里·米勒，《美国的思想：从大革命到国内战争》，纽约：哈考特，布瑞斯和世界，1965，第 119 页。

2　塞内加（Lucius Annaeus Seneca，约公元前 4 世纪），古罗马哲学家、戏剧家，晚期斯多葛派主要代表之一。——译者注

3　佩里·米勒，《美国的思想：从大革命到国内战争》，纽约：哈考特，布瑞斯和世界，1965，第 140 页。

物进行宏观全面认识的能力，即使在熟悉的领域里也一样"。[1]

美国及各州都有一部明文的宪法，法律条文的制定非常明确严格，这更要求法律界人士必须具有开明、理性和清晰的头脑。律师需要具备超过常人的读写能力，因为理性思维是判断法律事宜的主要依据。约翰·马歇尔无疑是"理性思维的杰出典范，是和纳蒂·班波[2]一样家喻户晓的代表人物"[3]。他是印刷术时代的优秀代表——冷静、理智、崇尚逻辑、憎恶自相矛盾。据说，他在阐明观点的时候从不运用类比，而是用"我们已经确定……"来开始他的论述。一旦你承认了他的前提，你也只好接受他的结论了。

今天的人们很难想象，早期的美国人不仅熟知他们那个时代的重大法律事件，甚至还熟悉著名律师出庭辩护时使用的语言。丹尼尔·韦伯斯特就是一个例子。斯蒂芬·文森特·贝尼特在他著名的短篇小说中选择了丹尼尔·韦伯斯特来和魔鬼辩论，这似乎是再自然不过的事情。魔鬼怎么可能战胜这样一个具有非凡语言能力的人呢？下面是最高法院法官约瑟夫·斯托里对韦伯斯特语言特点的描述：

1　佩里·米勒，《美国的思想：从大革命到国内战争》，纽约：哈考特，布瑞斯和世界，1965，第140—141页。

2　纳蒂·班波（Natty Bumppo），美国作家詹姆斯·费尼莫尔·库珀小说中的主人公，代表美国早期开拓者的形象。——译者注

3　佩里·米勒，《美国的思想：从大革命到国内战争》，纽约：哈考特，布瑞斯和世界，1965，第120页。

……他措辞简洁明确，涉猎广泛，善于从实际生活中旁征博引；他分析透彻，敢于解决难题；对于错综复杂的情况，他善于化繁为简，并用绝大多数人都能理解的方式加以解决；他擅长归纳，常常利用对手的论述证明自己的观点；他理智慎重，从不因为忘形而在辩论中处于被动之地，或是为了无用的观点而浪费口舌。[1]

　　我全文引用了这段话，是因为它对 19 世纪深受铅字影响的人所形成的话语特征做了最好的描写。詹姆斯·穆勒对于印刷术所能创造的奇迹有过种种预测，而这也许可以算得上是他心中的理想和典范了。如果说这样的典范有些遥不可及的话，那么它至少可以成为律师们奋斗的理想。

　　这个理想的影响力早已超越了律师或牧师行业。即使在我们日常的商业社会里，印刷术产生的共鸣也随处可以感觉得到。如果我们可以把广告作为商业的发言人，那么其历史可以非常清楚地告诉我们，在 18 世纪和 19 世纪，那些有商品出售的人绝对是把每个顾客都当成了丹尼尔·韦伯斯特：他们以为那些潜在的顾客都有很高的文化程度，都能做出理性的分析。确实，美国的报纸广告在某种程度上是印刷术统治下的思想日渐衰落的象征：以

　　1　佩里·米勒，《美国的思想：从大革命到国内战争》，纽约：哈考特，布瑞斯和世界，1965，第 153 页。

理性开始，以娱乐结束。弗兰克·普雷斯布里在其经典著作《广告的历史与发展》中，讨论了印刷术的衰落，他把印刷术的衰亡追溯到 19 世纪 60 年代末 70 年代初。他把这个阶段之前的时期称作排印技术的"黑暗年代"。[1] 他所指的"黑暗年代"开始于 1704 年，那一年美国的《波士顿新闻信札》上第一次出现了付费广告。当时共有 3 个广告，占了报纸一栏的 4 英寸。其中一个是为抓小偷悬赏；另一个是为找回被不知名者"占用"的铁砧悬赏；第三个广告是想卖什么东西，但和我们今天在《纽约时报》上看到的房地产广告毫无相似之处：

> 在纽约长岛的牡蛎湾，有一个很好的漂洗作坊，可供出租或出售。此处亦可作为农场，有一间新造的砖石房屋，旁边有另一间房子可作厨房和作坊，有粮仓、马厩、果园和 20 亩空地。作坊可以单独出让或和农场一起出让。有意者可向纽约的印刷商威廉·布拉德福特询问详情。[2]

150 多年之后，广告的形式变化不大。例如，在布拉德福特先生为牡蛎湾的房产做广告 64 年之后，保罗·里维尔在《波士

1　普雷斯布里，《广告的历史与发展》，纽约花园城：达伯戴，多兰出版公司，1929，第 244 页。
2　同上。

顿报》上刊登了下面这则广告：

> 很多人不幸因意外或其他原因失去了他们的门牙，不仅在外观上不够美观，公共场合和私下讲话也多有不便：特此告知所有这些人，他们可以安装假牙，效果保证和真牙一样好。有意者请联系波士顿戈德史密斯的保罗·里维尔，靠近克拉克医生码头的尽头。[1]

在另一段广告里，里维尔继续写道，那些由约翰·贝克补的牙，或是那些补过的牙仍然松动的，可以到他那里加固。他透露，他的补牙技术师承约翰·贝克本人。

直到里维尔广告100年之后，广告商们才开始试图改变出版商要求的线形排版。[2] 直到19世纪末，广告才真正采用了现代的话语模式。即使在1890年，广告里仍然除了文字别无他物，广告被看作一项严肃而理性的事业，其目的是用文字形式传播信息、发表主张。借用斯蒂芬·道格拉斯在其他情况下所说的话就是：广告需要的是理解，而不是激情。这并不是说，印刷术时代发表的文字就一定都是真实的。文字不能保证内容的真实性，而是形成一个语境，让人们可以问"这是真的还是假的"。19世纪

---

1 普雷斯布里，《广告的历史与发展》，纽约花园城：达伯戴，多兰出版公司，1929，第244页。
2 同上。

90 年代，语境遭到了彻底摧毁，首先是因为插图和照片的大量侵入，后来是因为无主题语言的使用。例如，19 世纪 90 年代的广告商开始在广告中运用口号。弗兰克·普雷斯布里认为现代广告的起源是这两句口号："你按下按钮，剩下的我们来做"和"看见那头骆驼了吗?"。[1] 几乎在同时，广告短诗也开始被广为采用。1892 年，宝洁公司向社会征集短诗，作为象牙牌香皂的广告。1896 年，亨氏公司第一次采用了婴儿的照片：一个可爱的宝宝坐在宝宝椅里，面前摆着一碗麦片粥，手里拿着调羹，脸上露出惊喜的笑容。到 19 世纪和 20 世纪相交的时候，广告商们已不再期待顾客的理性选择。广告成为一种半是心理学半是美学的学问，理性思维只好移师其他领域了。

为了理解铅字是怎样帮助早期美国人认识智力、真理和话语性质的，我们应该记住，18 世纪和 19 世纪的阅读同今天的阅读有着截然不同的特征。首先，如我前面提到的，铅字垄断着人们的注意力和智力，除了铅字以及口头表达的传统，人们没有其他了解公共信息的途径。公众人物被人熟悉，是因为他们的文字，而不是因为他们的外貌，甚至也不是因为他们的演讲术。我们完全可以相信，美国的前 15 位总统如果走在街上，没有人会认出他们是谁。那个时期的著名律师、牧师和科学家也是如此。想到那些人就是想到他们的著作，他们的社会地位、观点和知识都是

1　骆驼牌香烟的广告。——译者注

在印刷文字中得到体现的。如果想想那些近年来成为公众人物的总统、牧师、律师和科学家，你也许会意识到现在的情况有多么不同。想想尼克松或吉米·卡特，或比利·格雷厄姆，或爱因斯坦，首先进入你脑海的是一个图像、一张图片上的脸，或一张电视屏幕上的脸（对于爱因斯坦来说，则是一张照片上的脸）。而至于他们说过些什么，你可能一无所知。这就是思维方法在以文字为中心的文化和以图像为中心的文化中的不同体现。

这也是一个几乎没有娱乐的文化和一个充满娱乐的文化所体现出来的不同。农家小孩儿一手执书一手扶犁，母亲在周日的下午向家人大声朗读，商人宣读剪刀进货的通知——这些读者和今天的读者完全不同。对于他们，没有多少读闲书的机会，因为他们没有时间。阅读对于他们有一种神圣的因素，即使说不上神圣，至少也是一种被赋予特殊意义的每日一次或每周一次的仪式。我们还应该记住，那时人们的生活中还没有电，凭借烛光或煤油灯阅读不是一件容易的事。显然，那时的人们大多只能在拂晓和开始工作前的那段时间进行阅读，所以阅读的目的肯定是严肃、专注而明确的。在1790年、1830年或1860年的人眼中，把阅读独立于其他活动而作为一种测试读者"理解能力"的手段，可能是一件荒唐的事情。除了理解，阅读还有什么意义呢？据我们所知，根本就不存在什么"阅读问题"，当然，除了那些无法上学的人以外。上学就意味着学习阅读，因为如果不能阅读，你就不能加入到文化的对话中去。大多数人都能够阅读并且也参加了文化对话。

对于这些人来说，阅读为他们和外部世界的联系提供了纽带，同时也帮助他们形成了对于世界的认识。书本一行一行、一页一页地把这个世界展示出来。在书本里，这个世界是严肃的，人们依据理性生活，通过富有逻辑的批评和其他方式不断地完善自己。

　　回顾18世纪和19世纪的美国，我们随处可以感觉到铅字的共鸣，尤其是它和各种公众表达方式之间的那种无法厘清的关系。查尔斯·比尔德[1]说过，保护自身的经济利益是美国宪法制定者的首要动机。这也许是对的。但我们也应该想到，制定这样的法律也许是因为他们认为参加公众生活必须具备驾驭铅字的能力。对于他们来说，没有高深的文化程度，要想成为一个成熟的公民是不可能的，这就是为什么美国大多数州将选举年龄定为21岁，为什么杰弗逊认为普及教育是美国最大希望的原因。这也是为什么，如艾伦·内文斯[2]和亨利·斯蒂尔·康马杰指出的，没有财产的人可以不受限制地参加选举，而没有文化的人却不行的原因。

　　弗雷德里克·杰克逊·特纳[3]在一本书中写道，激励美国人

　　1　查尔斯·比尔德（Charles Beard，1874—1948），美国著名历史学家。强调社会经济的冲突和变动对历史起推动作用。——译者注

　　2　艾伦·内文斯（Allan Nevins，1890—1971），美国历史学家、著作家和教育家。——译者注

　　3　弗雷德里克·杰克逊·特纳（Fredrick Jackson Turner，1861—1932），美国著名教师和学者。强调要用政治、经济、文化和地理等多方面因素的相互作用来阐明历史的真谛。——译者注

的是一种永无止境的开拓精神，这也许没错。但同时，正如保罗·安德森所说："不管读的是莎士比亚、爱默生或是梭罗，农家孩子一手执书一手扶犁绝不是摆摆样子的。"[1] 使堪萨斯成为第一个允许妇女参加学校选举的州，或者使怀俄明成为第一个实现完全平等选举权的州，光靠开拓精神是不够的。妇女也许比男子更擅长阅读，甚至在边远地区，公众话语的主要途径也是来源于铅字。那些能够阅读的人，不可避免地已经成为对话的一部分。

佩里·米勒说过，美国人的宗教热情为他们注入了能量，或者如早期的历史学家所说的，美国诞生于一种应运而生的理想。这些说法也许都是对的，我无心质疑。我只想指出一点，他们笔下的美国曾通行一种公众话语，这种话语的形式是印刷机的产物。两个世纪以来，美国人用白纸黑字来表明态度、表达思想、制定法律、销售商品、创造文学和宣扬宗教。这一切都是通过印刷术实现的，也正是通过这样的方式，美国才得以跻身于世界优秀文明之林。

对于印刷机统治美国人思想的那个时期，我给了它一个名

1　安德森，第17页。关于这一点，有必要引用托马斯·杰弗逊1787年1月15日写的一封信。在这封信里，杰弗逊谴责英国人企图将美国人的发明占为己有：用一块简单的木头做出轮子。杰弗逊声称新泽西的农民从荷马的史诗中学会了怎样做轮子。英国人从美国人这里照搬了整个过程。杰弗逊写道："因为我们的农民是唯一能读懂荷马的农民。"

称，叫"阐释年代"。阐释是一种思想的模式，一种学习的方法，一种表达的途径。所有成熟话语所拥有的特征，都被偏爱阐释的印刷术发扬光大：富有逻辑的复杂思维，高度的理性和秩序，对于自相矛盾的憎恶，超常的冷静和客观以及等待受众反应的耐心。到了 19 世纪末期，由于某些我急于解释的原因，"阐释年代"开始逐渐逝去，另一个时代出现的早期迹象已经显现。这个新的时代就是"娱乐业时代"。

第 5 章

躲躲猫[1]的世界

到 19 世纪中期，两种观念的融合为 20 世纪的美国提供了一种全新的公众话语理念。它们的结合大大冲击了"阐释时代"，为"娱乐业时代"奠定了基础。其中的一个观念是很新的，另一个则是和古老的洞穴壁画一样有年头了。我们后面很快就会讨论那个古老的观念。而那个新的观念是指交通和通讯可以彼此脱离，空间不再是限制信息传播的、不可避免的障碍。

19 世纪的美国人非常关心怎样"征服"空间的问题。到 19 世纪中叶，美国的边境线已经延伸到了太平洋，始于 19 世纪 30 年代的基本铁路系统使得人和货物可以在全国范围流动。但是直到 40 年代，信息的传播还是无法超过信息传播者行进的速度，

1　躲躲猫（Peek-a-Boo）：一种面孔一隐一现以逗小孩儿的游戏。——译者注

准确地说，无法超过火车的速度，更准确一点儿说，只能达到每小时 35 英里的速度。由于这种局限，美国作为一个国家的发展受到了限制。到 19 世纪 40 年代，美国仍然只是由不同地区组成的一盘散沙，各个地区有自己不同的对话方式和利害冲突，要想实现全美洲统一的对话还只是一个梦想。

解决这个问题的方法是电，这一点连小学生都知道。众望所归的事情发生了，一个美国人找到了把电用于通讯服务的有效方法，并由此一次性解决了空间的问题。当然，我指的是塞缪尔·芬利·布尔斯·莫尔斯，美国第一个真正的"太空人"。他的电报消除了洲际界线，消灭了地区概念，把整个美国纳入了同一个信息网络，从而使统一美国话语成为可能。

但这是需要付出代价的。当莫尔斯预测电报将"使整个国家成为一个社区"的时候，他并没有想到电报会产生其他的结果。电报摧毁了关于信息的原有定义，并赋予公众话语一种崭新的含义。亨利·大卫·梭罗是少数认识到这种影响的一个人。他在《瓦尔登湖》中写道："我们匆匆地建起了从缅因州通往得克萨斯州的磁性电报，但是缅因州和得克萨斯州可能并没有什么重要的东西需要交流……我们满腔热情地在大西洋下开通隧道，把新旧两个世界拉近几个星期，但是到达美国人耳朵里的第一条新闻可能却是阿德雷德公主得了百日咳。"[1]

1　梭罗，《瓦尔登湖》，波士顿：胡顿米菲林，1957，第 36 页。

事实证明梭罗是完全正确的。他深知电报会创造一种新的话语定义，电报不仅允许而且执意要缅因州和得克萨斯州进行对话，并且还要求对话的内容与以往印刷术统治下的内容不同。

电报对于印刷术统治下的话语定义进行了三路进攻，遭到攻击后的话语内容无聊、表现无力、形式散乱。之所以会这样，是因为电报使脱离语境的信息合法化，也就是说，信息的价值不再取决于其在社会和政治对策和行动中所起的作用，而是取决于它是否新奇有趣。电报把信息变成了一种商品，一种可以置用处或意义于不顾而进行买卖的东西。

但电报单独的力量还不能做到这一切。如果没有和报纸的合作，电报将信息转化成商品的潜力也许永远无法发挥出来。19世纪 30 年代稍早于电报出现的小报，已经开始了把无聊素材奉为新闻的过程。这类报纸，比如本杰明·戴[1]的《纽约太阳报》和詹姆斯·贝内特[2]的《纽约先驱报》，背离了发表理性政治观点和紧急商业信息的传统，尽管他们的报纸充满了耸人听闻的新闻，但大多是有关犯罪和性的内容。这些"具有人情味儿的新闻"虽然不能影响读者的决定和行动，但至少是事关当地的，是关于他们熟悉的人和地方的，这些故事往往不一定要是最新的

1　本杰明·戴（Benjamin Day, 1810—1889），美国印刷业者和新闻工作者，美国第一张"便士"报纸——《纽约太阳报》的创办人。——译者注

2　詹姆斯·贝内特（James Bennett, 1795—1872），对现代新闻事业卓有贡献的编辑，主张报纸的职能"不是教诲读者，而是使读者警觉"。——译者注

报道。小报上的这类故事不受时间的限制，它们的吸引力不在于其时效性，而在于其对于时间的超越。并不是所有的报纸都刊登这样的内容。对于大多数报纸来说，它们提供的信息不仅要事关当地，还要具有实用功能——要同读者面临的问题和决定密切相关，并且能帮助他们处理个人和公共事务。

电报改变了这一切，并且是以惊人的速度改变的。莫尔斯进行第一次公开演示之后的几个月里，由于电报创造了超越时空的奇迹，当地新闻和那些没有时效性的新闻便失去了在报纸上的中心位置。报纸利用电报的第一个例子，出现在莫尔斯公开演示电报功效的一天之后。《巴尔的摩爱国者》利用莫尔斯建立的华盛顿—巴尔的摩线路，为读者提供了众议院对俄勒冈事件所采取行动的报道。报纸以这样一句话结束了这条消息："……我们为读者提供的是截至两点钟的来自华盛顿的消息。空间的隔阂已被彻底消除。"1

在很短的一段时间里，一些实际问题（主要是因为电报线路的紧张）使新闻保留了作为功能性信息的定义。但是，美国出版商中那些具有远见的人很快看清了未来，他们不遗余力地在整个美洲大陆设立电报线路。威廉·斯温——《费城公共基石报》的拥有者，不仅大力投资磁性电报公司——第一个商业电

1　哈洛，《老的路线和新的浪潮：电报、电话和无线电的历史》，纽约：艾波顿—世纪，1936，第100页。

报公司，而且还在 1850 年成了它的总裁。

不久之后，报纸的财富不再取决于新闻的质量或用途，而是取决于这些新闻来源地的遥远程度和获取的速度。《纽约先驱报》的詹姆斯·贝内特声称，在 1848 年的第一个星期里，他的报纸中包括了 7.9 万个字的电报内容 [1]——至于这些内容和读者有什么关系，他没有说。1844 年 5 月 24 日，莫尔斯开辟全国第一条电报线路 4 年后，美联社成立了，从此，来路不明、读者对象不定的新闻开始横扫整个国家。战争、犯罪、交通事故、火灾和水灾——大多是阿德莱德公主得百日咳新闻的社会版本和政治版本——开始成为所谓"今日新闻"的主要内容。

梭罗说过，电报使相关的东西变得无关。这些源源不断的信息与它们的受众之间很少或几乎没有任何关系，也就是说，这些信息并没有可以赖以存在的社会环境和精神环境。柯勒律治 [2] 关于"到处是水却没有一滴水可以喝"的著名诗句，也许很能代表这个失去语境的信息环境：在信息的海洋里，却找不到一点儿有用的信息。缅因州的人和得克萨斯州的人可以交谈，但交谈的内容却是他们不了解或根本不关心的。电报可能已经使这个国家成为"一个社区"，但这个社区却是奇怪的，因为这里住着一群

1　奇特罗姆，《媒体和美国思想：从莫尔斯到麦克卢汉》，柴普西尔：北卡罗来纳出版社，1982，第 15—16 页。

2　柯勒律治（Samuel Taylor Coleridge, 1772—1834），英国浪漫主义诗人、文艺评论家。——译者注

除了了解一些最表面的情况外彼此之间几乎一无所知的陌生人。

既然我们现在确实生活在这样一个"社区"里（现在有时被称作"地球村"），那么你可以通过问自己这样一个问题来了解到底什么是没有语境的信息：早晨的广播或电视，或者早晨的报纸，有多少次为你提供了需要改变一天计划的信息，或让你决定采取本来不准备采取的行动，或帮助你更加了解了你需要解决的问题？对于我们中的大多数人来说，天气预报有时有用；对于投资者来说，关于股票市场的新闻可能有用；或许有关犯罪的报道也会影响我们，特别是如果犯罪行为碰巧发生在你住的地方或涉及某个你认识的人的话。但我们生活中的大多数新闻都是不起作用的，至多是为我们提供一点儿谈资，却不能引导我们采取有益的行动。这正是电报的传统：通过生产大量无关的信息，它完全改变了我们所称的"信息—行动比"。

不管是在口头文化还是在印刷术文化中，信息的重要性都在于它可能促成某种行动。当然，在任何一种交流环境中，输入（人们得到的信息）总是多于输出（在所得到信息的基础上采取行动的可能性）的。但是，由于电报的发明，再加上后来其他技术的发展，信息和行动之间的关系变得抽象而疏远起来了。在人类历史上，人们第一次面对信息过剩的问题，这意味着与此同时，人们将面对丧失社会和政治活动能力的问题。

问问自己下面这一系列的问题，你可能就会更明白上文的意思了：对于解决中东的冲突，你准备采取什么行动？对于解决通货膨胀、犯罪和失业问题，你有何高见？对于保护环境或降低核战争危险，你有什么计划？对于北大西洋公约组织、石油输出国组织、美国中央情报局、反歧视行动计划和伊朗巴哈伊派教徒遭受的残暴行径，你准备采取什么行动？我可以大胆地帮你回答：你什么也不打算做。当然，你可能会为某个自称有计划也有能力采取行动的人投上一票。但每两年或四年你才可能有一个小时来投票，这根本不足以表达你满脑子的想法。我们也许可以说，投票选举是逃避政治无能的表现。比投票选举更糟糕的是参加民意测验。民意测验的组织者通过一些呆板的问题得出你的意见，然后把你的意见淹没在相似的意见中，最后把这些意见变成——还能是什么呢？——另一则新闻。所以，我们就陷入了一个无能为力的怪圈：你心里有很多想法，但除了把这些想法提供给记者制造更多的新闻之外，你无能为力；然后，面对你制造的新闻，你还是无能为力。

在电报时代之前，"信息—行动比"基本是平衡的，所以大多数人都有一种能够控制他们生活中突发事件的感觉。人们了解的信息具有影响行动的价值。但在电报创造的信息世界里，人们失去了行动的能力，因为整个世界都变成了新闻存在的语境。所有的一切都事关每个人。我们第一次得到了不能回答我们任何问题的信息，而且对于这些信息，我们也不必做出任何回答。

我们也许可以说，电报对公众话语的贡献就是使它变得无聊而且无能。还不只这些，电报还使公众话语变得散乱无序。用刘易斯·芒福德的话来说就是，它带给我们的是支离破碎的时间和被割裂的注意力。电报的主要力量来自它传播信息的能力，而不是收集信息、解释信息或分析信息。在这方面，电报和印刷术截然相反。例如，书籍就是收集、细察和组织分析信息观点的绝好容器。写书、读书、讨论书的内容、判断书的价值（包括书的版面安排），都是需要花费大量时间的。写书是作者试图使思想永恒并以此为人类对话做出贡献的一种努力。所以，无论什么地方的文明人都会视焚书为反文化的罪恶行为。**但电报却要求我们烧毁它**。电报如果被赋予永恒、持续或连贯的特征，就会失去其价值。电报只适合于传播转瞬即逝的信息，因为会有更多更新的信息很快取代它们。这些信息后浪推前浪地进出于人们的意识，不需要也不容你稍加思索。

电报引入的这种公众对话形式有着鲜明的特征：其语言是新闻标题的语言——耸人听闻、结构零散、没有特别的目标受众。新闻的形式类似口号，容易被记住，也容易被忘记。新闻的语言是完全不连贯的，一个消息和它前面或后面的另一则消息毫无关系。每个"标题"都是独立存在的。新闻的受众必须自己找出其中的含义，发布新闻的人没有义务这样做。久而久之，经电报描绘过的世界开始变得无法控制，甚至无法解释了。报纸上一行行有序而连贯的文字渐渐失去了帮助我们获得知识和了解这个世界的能力。"了解"事实开始有了新的意义，因为"了解"并不意味着人们能够"理解"事实的言下之意、背景知识和与其他事实的关联。电报式话语不允许人们进行历史的回顾，也不鼓励深入的分析。对于电报来说，智力就是知道很多事情，而不是**理解**它们。

于是，对于莫尔斯提出的问题——上帝创造了什么——我们有了一个令人不安的答案：一个住满陌生人的拥挤的社区，一个破碎而断裂的世界。当然，上帝和这一切无关。但是，尽管电报有如此的力量，可如果它只是作为一种新的话语象征，那么印刷术文化很可能能够经得住它的冲击，至少能够守住自己的阵地。就在莫尔斯重新定义信息的意义时，路易·达盖尔[1]重新定义了自然的意义，或者我们可以说，重新定义了现实的意义。1838年，为了吸引投资者，达盖尔在一个通告里说："达盖尔银版法不只是用来再现自然的一种工具……（它）赋予了自然再生的力量。"[2]

当然，不论是再现自然的必要性还是自然本身获得再生的力量，都意味着自然是可以被改造的，通过改造，它可以变得容易理解和控制。早期洞穴壁画很可能是对尚未发生的捕猎的视觉表现，是期待征服自然的一种愿望。"改造自然"这种说法已经历史悠久了。但是达盖尔脑中并没有"改造"这个概念，他的本

1　路易·达盖尔（Louis Daguerre，1787—1851），法国画家和物理学家。发明了一种最早的实用摄影方法——达盖尔银版法，使曝光时间从 8 小时缩短至二三十分钟。——译者注

2　桑塔格，《论摄影》，纽约：法拉，斯特劳斯和吉路斯，1977，第 165 页。

意是说摄影术能够使每个人都拥有随时尽情复制自然的能力。他想说他发明了世界上第一种"克隆"技术，他还想说，摄影术和视觉经验的关系就像印刷机和书面文字的关系一样。

事实上，光靠达盖尔银版法还不能达到达盖尔讲的这种对等关系。威廉·亨利·福克斯·塔尔博特，一个英国数学家和语言学家，发明了从底片翻出正片，直到这时，照片的大批量冲洗和发行才成为可能。[1] "摄影术"这个名称是著名天文学家约翰·F·W·赫舍尔起的。这是一个奇怪的名称，因为在英语里，它的字面意思是"用光书写"。也许赫舍尔起这个名字本身就是有讽刺意义的，因为很明显，从一开始大家都明白，摄影和书写（任何形式的语言）是不能存在于同一个话语空间的。

但是，自从摄影术被确定下来以后，就一直被作为一种"语言"。其实这样做是很危险的，因为这无形之中抹杀了两种话语模式之间的本质区别。第一点区别是，摄影是一种只描述特例的语言，在摄影中，构成图像的语言是具体的。与字词和句子不同的是，摄影无法提供给我们关于这个世界的观点和概念，除非我们自己用语言把图像转换成观点。摄影本身无法再现无形的、遥远的、内在的和抽象的一切。它无法表现"人"，只能表现"一个人"；不能表现"树"，只能表现"一棵树"。我们无

---

1 纽霍尔，《从 1839 年至今摄影术的历史》，纽约：现代艺术博物馆，1964，第 33 页。

法拍出"整个大自然"的照片,也无法表现"整个海洋",我们只能拍下某时某地的个别片断——某种光线下某种形状的悬崖,某个角度某个时刻的海浪。正如"整个大自然"和"整个海洋"无法被拍摄下来一样,在照片的词典里也无法找到可以表现"真理""荣誉""爱情""谬误"这些抽象概念的词汇。"表现"和"谈论"是两个非常不同的过程。加夫里尔·萨洛蒙曾经说过:"看照片只需要能辨认,看文字却需要能理解。"[1] 他这样说的意思是,照片把世界表现为一个物体,而语言则把世界表现为一个概念。即使最简单的命名,也是一个思考的过程——把一样东西和其他东西进行比较,选择共同的某些特征,忽略不同之处,然后进行归类。在大自然里没有"人"或"树"这样的东西,因为这个世界上不存在如此简单的分类,有的只是变化多端和形形色色。照片记录的是这些形形色色中的特例,而语言的作用则是使它们变得更加容易理解。

照片中没有句法,这使它无法同这个世界理论。作为某时某地的"客观"片断,照片可以证明某个人在那里或发生了某事,但这样的证明却无法提供任何意见——无法提供"本来应该怎样"或者"本来可能怎样"。照片表现的是事实,而不是关于这些事实的讨论或从这些事实中得出的结论。但这并不意味着照片

---

1 萨洛蒙,《媒介的互动,认知和学习》,洛杉矶:爵西—巴斯,1979,第36页。

没有认识倾向。苏珊·桑塔格说过，照片是"我们通过照相机表现出来的东西对世界的理解"。[1] 但她又进一步论述，一切真正的理解起源于我们不接受这个世界表面所表现出来的东西。当然，语言就是用来挑战、讨论、质疑那些我们眼中表面事物的一种工具。"真""假"这样的表述只能出自语言的范畴。当我们看到一张照片的时候，"这是真的吗？"只能表示"这是某时某地的真实再现吗？"如果答案是"是"，那么就没有任何值得讨论的理由，因为不相信一张真实的照片显然是荒唐的。照片本身就是不容置疑的观点，代表着确定无误的事实。它无心辩驳，所以它就是无可辩驳的。

照片记录感受的方式也不同于语言。只有在表现为一系列的主题时，语言才有意义。如果一个字或一个句子从语境中被抽走，如果读者或听者不了解前因后果，语言表达的意思就会被扭曲。但对于照片来说，就不存在脱离语境这种事情，因为照片根本就不需要语境。事实上，照片的意义就在于能让形象脱离语境，从而使它们能以不同的方式表现出来。桑塔格女士写道："所有的界限……似乎都是随意的。一切都可以和其他东西分离、割断：重要的是要以不同的方式来表现主题。"[2] 她说明的是，照片具有能脱离现实和语境，并把很多没有逻辑、彼此无关的事

1　桑塔格，《论摄影》，纽约：法拉，斯特劳斯和吉路斯，1977，第20页。
2　同上。

件和东西堆积在一起的能力。像电报一样，照片把世界再现为一系列支离破碎的事件。在照片的世界里，没有开始，没有中间，也没有结束，就像电报一样。世界被割裂了，存在的只是现在，而不是任何一个故事的一部分。

　　大家都知道，图像和文字功能不同，抽象程度不同，反映模式也不同。绘画至少比文字古老 3 倍，图像在交流中的重要性早在 19 世纪就已经深入人心了。到了 19 世纪中期，照片和其他插图突然大量侵入了符号环境，这就是丹尼尔·布尔斯廷在其著作《图像》中所称的"图像革命"。布尔斯廷希望通过这样的表达方式，提醒众人注意到各种机械制作的图像对语言进行的猛烈攻击——照片、印刷画、海报、图片和广告，这些图像无可遏止地迅速蔓延于整个美国文化。我这里特意用了"攻击"这个词，是为了强调布尔斯廷的"图像革命"中表达的深刻含义。以照片为中心的这些图像不仅仅满足于对语言起到一个补充的作用，而且试图要替代语言诠释、理解和验证现实的功能。关于布尔斯廷对图像革命的暗示，我想在这里做出一个明确的解释：图像的中心地位削弱了对于信息、新闻，甚至在一定程度上对于现实的传统定义。从早期的广告牌、海报和广告到后来的所谓"新闻"杂志和报纸，比如《生活》《展望周刊》《纽约每日镜报》和《每日新闻》，图片把文字驱赶到背景里，有时干脆就把它驱逐出境。到 19 世纪后期，广告商和新闻记者发现，一张照片不仅胜过 1000 个字，而且，如果从销售情况来看，好处更多。对于无数美国人来说，"看"取代了"读"而成为他们进行判断的基础。

照片以一种奇特的方式成为电报式新闻的绝好补充，这些电报式新闻把读者淹没在一大堆不知来自何处、事关何人的事实中，而照片正好为这些奇怪的干巴巴的条目提供了具体的图像，在那些陌生的名字旁附上一张张脸孔。这样，我们至少有这样一种错觉："新闻"和我们的感官体验之间存在着某种关系。这些照片为"今日新闻"创造了一个表面的语境，而"今日新闻"反过来又为照片提供了语境。

但这种照片和新闻共同形成的语境其实纯属错觉。通过下面这个例子，你可能会更好地了解我的观点。你想象一下，一个陌生人告诉你，伊利克斯是一种蚓状植物的亚种，生活在爱尔多农杰斯岛上，长着有关节的叶子，每年开两次花。你可能会表现出很不屑的样子说："是呀，但这和我有什么关系呢?"那个陌生人回答说："我这里有一张照片，你可以看看。"然后他递给你一张照片，上面标明是"爱尔多农杰斯岛上的伊利克斯"。"哦，对，现在我明白了。"你可能会低声自语。确实，照片为你听到的一句话提供了语境，而这句话又为照片提供了某种语境，然后你甚至会相信你确实学到了什么东西。但如果这件事是完全独立的，和你过去的知识或未来的打算都没有任何关系，如果你和那个陌生人的相遇开始于此，也结束于此，那么这个由句子和图片共同创造的语境就没有任何意义。你其实什么也没有学到（也许除了以后要避开手拿照片的陌生人以外），伊利克斯将从你的脑海中消失，就像它从来没有出现过一样。至多，你会觉得这是一个有趣的插曲，可以作为鸡尾酒会上闲聊的谈资或在填纵横字谜时多一个词，除此之外别无他用。

说到纵横字谜，我们注意到一个有趣的现象。在电报和照片成功地把新闻从有用的信息转变成没有语境的事实时，纵横字谜在美国成为一种非常流行的消遣。这种巧合说明现代技术彻底改变了人们对于信息的态度：过去人们是为了解决生活中的问题而搜寻信息，现在是为了让无用的信息派上用场而制造问题。纵横字谜就是这样的一种伪语境，鸡尾酒会则是另一种"伪语境"，30年代和40年代的广播智力竞赛和现代的电视游戏比赛也是这一类东西，最典型的可能就是广受欢迎的"欢乐问答"[1]。不管是哪一种形式的"伪语境"，都为"这些彼此没有关联的事实和我有什么关系"这个问题提供了答案，而且答案是一致的：为什么不利用它们作为消遣、娱乐，或在游戏中找点儿乐？在《图像》一书中，布尔斯廷认为图像革命的主要产物是"伪事件"，即蓄意安排用于被报道的事件，比如记者招待会之类。我这里想说的是，源于电报和摄影术的一个更重要的产物也许是伪语境。伪语境的作用是为了让脱离生活、毫无关联的信息获得一种表面的用处。但伪语境所能提供的不是行动，或解决问题的方

1　美国的一档电视娱乐问答节目。

法，或变化。这种信息剩下的唯一用处和我们的生活也没有真正的联系。当然，这唯一的用处就是它的娱乐功能。伪语境是丧失活力之后的文化的最后避难所。

当然，摄影术和电报并不是一锤击倒了印刷文化的大厦。正如本书前面所提到的，阐释的习惯已经有很长的历史，这种习惯统治着世纪之交的美国人的思想。事实上，20 世纪的前几十年也见证了语言和文学的辉煌时代。在《美国信使》和《纽约客》这样的杂志里，在福克纳[1]、菲茨杰拉德[2]、斯坦贝克[3]和海明威的小说中，在《国际先驱论坛报》和《纽约时报》这些大报的栏目中，所有的文字都散发出震撼人心的魅力，愉悦着人们的耳朵和眼睛。但这却是"阐释时代"的绝唱，就像歌手临近死亡时的歌声那样，最动听、最甜美。这预示着"阐释时代"的结束，而不是开始。在它即将逝去的旋律下，一个新的音符已经响起，确定曲调的正是摄影术和电报。在它们的语言中，没有关联，没有语境，没有历史，没有任何意义，它们拥有的是用趣味代替复杂而连贯的思想。它们的语言是图像和瞬息时刻的二重奏，一起吹响了迎接美国公众话语新时代的乐章。

1　福克纳（William Faulkner, 1897—1962），美国作家。曾获诺贝尔文学奖。——译者注

2　菲茨杰拉德（Francis Scatt Key Fitzgerald, 1896—1940），美国"迷惘的一代"作家。——译者注

3　斯坦贝克（John Ernest Steirbeck, 1902—1968），美国小说家。曾获诺贝尔文学奖。——译者注

19 世纪末 20 世纪初加入电子对话的每一种媒介，都步步紧随电报和摄影术，并且在表现形式上有过之而无不及。有一些媒介，例如电影，从本质上就具有这样的潜能。其他的媒介，比如广播，比较倾向于理性的话语，但在新的认识论的冲击之下也转而成为新认识论的俘虏。所有这些电子技术的合力迎来了一个崭新的世界——躲躲猫的世界。在这个世界里，一会儿这个、一会儿那个突然进入你的视线，然后又很快消失。这是一个没有连续性、没有意义的世界，一个不要求我们也不允许我们做任何事的世界，一个像孩子们玩的躲躲猫游戏那样完全独立闭塞的世界。但和躲躲猫一样，也是其乐无穷的。

　　当然，玩躲躲猫游戏并没有什么过错，娱乐本身也没有过错。正如有些精神病学家指出的，我们每个人都会筑起自己的空中楼阁，但如果我们想要住在里面，问题就出现了。19 世纪末 20 世纪初以电报和摄影术为中心的交流媒介创造了躲躲猫的世界，但在电视出现之前，没有人想要生活在那个世界里。电视为电报和摄影术提供了最有力的表现形式，把图像和瞬息时刻的结合发挥到了危险的完美境界，而且进入了千家万户。我们现在已经有了电视时代的第二代观众，对于他们来说，电视是他们首选的、最容易接近的老师。在他们中的很多人看来，电视也是他们最可靠的伙伴和朋友。简单地说，电视是新认识论的指挥中心。没有什么人会因为年幼而被禁止看电视，没有什么人会因为贫穷而不得不舍弃电视，没有什么教育崇高得不受电视的影响。最重要的是，任何一个公众感兴趣的话题——政治、新闻、教育、宗教、科学和体育——都能在电视中找到自己的位置。所有这一切都证明，电视的倾向影响着公众对于所有话题的理解。

电视在很多方面也以一种微妙的方式充当着指挥中心。例如，我们对于其他媒介的使用在很大程度上受到电视的影响。通过电视，我们才知道自己应该使用什么电话设备、看什么电影、读什么书、买什么磁带和杂志，以及听什么广播节目。电视在为我们安排交流环境方面的能力是其他媒介根本无法企及的。

这里还有一个具有讽刺意义的小例子：在过去数年中，我们了解到电脑是未来的技术。总有人告诉我们，如果我们不会使用电脑，便无法完成学业，继而会成为生活中的失败者。也有人告诉我们，如果我们没有电脑，就无法经营生意，无法列出购物单，无法使支票本保持整洁。但是，关于电脑的一个最重要的事实就是，我们对于它的任何了解都来自电视。电视已经赢得了"元媒介"的地位——一种不仅决定我们对世界的认识，而且决定我们怎样认识世界的工具。

就在同时，用罗兰·巴特的话来说，电视还赢得了"神话"的地位。他认为，以神话的态度看待世界，人们对于这个世界就不会有任何质疑，对于自然真实的东西就会变得熟视无睹。神话是一种深深扎根于我们无形意识中的思维方式，这也就是电视的方式。我们早已经不会为电视这个机器本身感到惊喜和迷惑。我们不再重复电视给我们带来的奇迹；我们不再只把电视机放在某些特定的房间里；我们不再怀疑在电视上看到的一切，根本不会意识到电视提供给我们的特殊视角，甚至连"电视是如何影响我们的"这个问题也被我们抛到了九霄云外。这个问题本身已经成为一个奇怪的问题，就像有人问耳朵和眼睛是如何影响我们的一样。20 年前，"电视到底是塑造文化还是仅仅反映文化"这个问题曾引起许多学者和社会批评家的广泛兴趣。随着电视逐渐成为我们的文化，这个问题已经被遗忘了。我们不再谈论电视本身，我们只谈论电视上的东西，即它的内容。电视的生态学（不仅包括其物质特征和象征符号，而且还包括我们和它的关系），如今在我们看来都是天经地义了。

电视已经成为社会和文化领域的一面镜子，是过去一个世纪中电子媒介最醒目的剩余物。它已经彻底地融入了美国文化，我们已经注意不到电视机在黑暗中轻轻发出的嘶嘶声或摇曳着的灰色灯光。这些都证明，电视的认识论已经悄无声息地进入了我们的生活，它建立起来的躲躲猫世界在我们眼里已经不再显得陌生。

电子和图像革命所产生的最令人不安的后果是：电视呈现出来的世界在我们眼里已经不再是奇怪的，而是自然的。这种陌生感的丧失是我们适应能力的一种标志，而且我们的适应程度在一定程度上反映了我们的变化程度。我们的文化对于电视认识论的适应非常彻底，我们已经完全接受了电视对于真理、知识和现实的定义，无聊的东西在我们眼里充满了意义，语无伦次变得合情合理。如果我们中的某些人不能适应这个时代的模式，那么在我们看来，是这些人不合时宜、行为乖张，而绝不是这个时代有什么问题。

本书后面的一个目标是要让电视认识论再次进入人们的视线。我要用具体的实例来证明，电视的思维方式和印刷术的思维方式是格格不入的；电视对话会助长语无伦次和无聊琐碎；"严肃的电视"这种表达方式是自相矛盾的；电视只有一种不变的声音——娱乐的声音。除此之外，我还想证明，为了加入伟大的电视对话，美国文化机构正竞相学习电视的术语。换句话说，电视正把我们的文化转变成娱乐业的广阔舞台。很有可能到最后，我们会接受它并且喜欢它。这正是奥尔德斯·赫胥黎50年前担心过的，现在终于发生了。

第二部分

第 **6** 章

娱乐业时代

我认识的一个非常刻苦的研究生在大考前一天晚上回到他的小寓所,结果发现他唯一的一盏台灯已经坏得无法再修了。一阵惊慌之后,他逐渐恢复了冷静。为了第二天得到一个令人满意的成绩,他打开电视机,关掉声音,背对着屏幕,借着电视机发出的光开始阅读要考的章节。这是电视机的一个用途——照亮书本的光源。

但是电视屏幕不仅仅是光源,它光滑平坦的表面还可以用来展示文字。我们都住过宾馆,房间里的电视机有一个特别频道,不停地滚动出现有关当天主要新闻的字幕。这是电视机的另一个用途——电子布告牌。

很多电视机又大又结实,足以承受一个小图书室的重量。美国无线电公司生产的老式落地电视机上可以放 30 本书,我认识的一个女士把她所有狄更斯、福楼拜和屠格涅夫的书都放在 21 英寸的威斯汀豪斯牌电视机上。这是电视机的第三个用途——书架。

举这些例子，我是想嘲笑那些妄想利用电视机来提高文化修养的人。这样的愿望正是马歇尔·麦克卢汉所说的"后视镜"思维：认为一种新媒介只是旧媒介的延伸和扩展，比如汽车只是速度更快的马，电灯是功率更大的蜡烛。在我们讨论的这个问题中，这种人犯的错误就是完全误解了电视如何重新定义公众话语的意义。电视无法延伸或扩展文字文化，相反，电视只能攻击文字文化。如果说电视是某种东西的延续，那么这种东西只能是19世纪中叶源于电报和摄影术的传统，而不是15世纪的印刷术。

什么是电视？它允许怎样的对话存在？它鼓励怎样的智力倾向？它会产生怎样的文化？

这些都是本书后面要讨论的问题。为了能对这些问题有一个清楚的认识，我这里先要区分一下技术和媒介的概念。我们也许会说，技术和媒介的关系就像大脑和思想一样。大脑和技术都是物质装置，思想和媒介都是使物质装置派上用场的东西。一旦技术使用了某种特殊的象征符号，在某种特殊的社会环境中找到了自己的位置，或融入到了经济和政治领域中，它就会变成媒介。换句话说，一种技术只是一台机器，媒介是这台机器创造的社会和文化环境。

当然，和大脑一样，每种技术也有自己内在的偏向。在它的物质外壳下，它常常表现出要派何种用场的倾向。只有那些对技术的历史一无所知的人，才会相信技术是完全中立的。这里有一个嘲笑这种幼稚想法的笑话：爱迪生本来可能把发明电灯的消息早一些公布于众，只可惜他每次打开灯后，只会把灯放在嘴边然后说："喂？喂？"

这当然只是一个笑话。每种技术都有自己的议程，都是等待被揭示的一种隐喻。例如，印刷术就有明确的倾向，即要被用作语言媒介。我们可以想象把印刷术专用于照片的复制，我们再想象一下，16世纪的天主教可能不会反对这种用途，如果这一切都是真的，新教改革可能就不会发生了。因为用路德[1]的话来说，如果每个家庭的餐桌上都有上帝的文字，基督徒就不需要教皇来为他们释义了。但事实上，印刷术从来没有被专用于或大量用于复制图像。从15世纪诞生之初起，印刷术就被看作展示和广泛传播书面文字的理想工具，之后它的用途就没有偏离过这个方向。我们可以说，印刷术就是为了这个目的而发明的。

电视技术也有自己的倾向。我们可以把电视当作灯、当作文字的显示屏、当作书架，甚至当作收音机，但至少在美国，电视机没有也不会被派上这些用场。所以，要回答"什么是电视"这个问题，我们首先要明白，当我们谈论电视的时候，我们不是指一种技术，而是指一种媒介。在世界上很多地方，虽然制造电视的技术和美国是一样的，但在那些地方，电视是一种完全不同

1　马丁·路德（Martin Luther, 1483—1546），16世纪欧洲宗教改革运动的发起者，基督教新教路德宗的创始人。——译者注

的媒介。在我所指的那些地方，大多数人还没有电视机，拥有电视机的人也只有一台，他们只有一个电视台，他们没有全天24小时播放的电视节目，大多数节目都以推进政府的意识形态和政策为首要目的。在那些地方，人们不知电视广告为何物，电视上的主要画面就是一些"说话的人头"，电视的用途和收音机相差无几。由于上述这种种原因，那些地方的电视不可能拥有像在美国一样的意义或威力。也就是说，由于使用方法不同，某种技术可能无法充分发挥其潜能或者只能产生最低限度的社会效应。

但是，美国的情况就大大不同了。在民主制度和相对自由的市场经济中，电视找到了作为一种技术可以充分发挥潜能的肥沃土地。其中一个结果就是，美国的电视节目在全世界供不应求。美国电视节目的出口量大约为10万—20万小时，平均分布在拉丁美洲、亚洲和欧洲。[1] 在过去若干年中，像《荒野大镖客》《波纳扎》《碟中谍》《星际迷航》《神探酷杰克》《达拉斯》和《豪门恩怨》这样的节目在英国、日本、以色列和挪威受到欢迎的程度，绝不亚于在内布拉斯加州的奥马哈。我听说（但没有得到证实）几年前，拉普人[2]为了看《达拉斯》中到底是谁杀

1　1984年7月20日，《纽约时报》报道了中国国家广播电视部门和哥伦比亚广播公司签订合约，在中国播放64小时的哥伦比亚广播公司的节目。他们很快还要和美国全国广播公司及美国广播公司签订合约。

2　拉普人（Lapps），即萨阿米人（Saamians），从事放牧、养驯鹿，部分从事渔猎。——译者注

了 J. R.，竟然推迟了他们每年一次的大迁移。而与此同时，美国的道德和政治威信在全世界范围内大大下降了。美国的电视节目之所以供不应求，并不是因为人们热爱美国，而是因为人们热爱美国的电视。

要想弄清个中原因，其实并不困难。在看美国电视的时候，我们经常会想到萧伯纳第一次看见百老汇和四十二大街上夜间闪烁的霓虹灯时发表的精彩评论。他说，如果你不识字，这些灯光无疑是美丽的。美国的电视确实是美丽的奇观，是难得的视觉愉悦，每天你都能看见成千上万个图像。电视上每个镜头的平均时间是 3.5 秒，所以我们的眼睛根本没有时间休息，屏幕一直有新的东西可看。而且，电视展示给观众的主题虽多，却不需要我们动一点儿脑筋，看电视的目的只是情感上得到满足。就连很多人都讨厌的电视广告也是精心制作的，悦目的图像常常伴随着令人兴奋的音乐。我们可以毫无疑问地说，世界上最美的照片是出现在电视广告里。换句话说，美国电视全心全意致力于为观众提供娱乐。

当然，电视具有娱乐性这个事实实在太苍白了，绝对不会对文化造成任何威胁，也不值得我为此写一本书。电视有时甚至是让人们高兴的一个理由。我们经常说，生活不是铺满鲜花的阳光大道，能在途中偶尔看见一些花朵，会使旅途变得不那么难以忍受。拉普人无疑就是这样想的，每天晚上观看电视的 9000 万美国人可能也是这样想的。但我这里想要说的不是电视的娱乐性，而是电视把娱乐本身变成了表现一切经历的形式。我们的电视使我们和这个世界保持着交流，但在这个过程中，电视一直保持着一成不变的笑脸。我们的问题不在于电视为我们展示具有娱乐性的内容，而在于所有的内容都以娱乐的方式表现出来，这就完全是另一回事了。

我们可以换种说法：娱乐是电视上所有话语的超意识形态。不管是什么内容，也不管采取什么视角，电视上的一切都是为了给我们提供娱乐。正因为这样，所以即使是报道悲剧和残暴行径的新闻节目，在节目结束之前，播音员也会对观众说"明天同一时间再见"。为什么要再见？照理说，几分钟的屠杀和灾难应该会让我们整整一个月难以入眠，但现在我们却接受了播音员的邀请，因为我们知道"新闻"是不必当真的，是说着玩的。新闻节目的所有一切都在向我们证明这一点——播音员的姣好容貌和亲切态度，他们令人愉快的玩笑，节目开始和结束时播放的美妙音乐，生动活泼的镜头和绚丽夺目的各类广告——这一切都告诉我们，没有理由为电视上的不幸哭泣。简单地说，新闻节目是一种娱乐形式，而不是为了教育、反思或净化灵魂，并且我们还不能过于指责那些将新闻节目做此定位的人。他们播报的新闻不是为了让人读，也不是为了让人听，他们的新闻是让人看的，这是电视自身所指引的方向，他们必须遵循。这里没有阴谋，没有智力欠缺，只有坦白的观点："好电视"同用于陈述的语言或其他口头交流形式无关，重要的是图像要吸引人。

为了说明上面的观点，我这里可以举一个例子。这是美国广播公司 1983 年 11 月 20 日在颇具争议的电影《浩劫后》播放之后进行的一次 80 分钟的讨论节目。虽然关于这个电视节目的记忆已经快要消失殆尽了，但我还是要举这个例子，因为在这里，电视充当了一个非常"严肃"而"负责任"的角色。这个节目的方方面面都在证明，这是对于电视脱离娱乐模式而上升到公共教育层次的一次重要考验。第一，这个节目的话题是关于核灾难的可能性。第二，这部电影曾遭到几个颇具影响力的组织的猛烈攻击，其中包括杰里·福尔韦尔神父的"道德多数派"。所以，如何表现出电视作为传播信息的媒介所具有的价值和严肃意图，无疑是非常重要的。第三，在节目的整个过程中没有使用任何背景音乐——这是一个重大的变化，因为几乎所有的电视节目都会依赖音乐告诉观众什么时候需要表现什么样的感情，这是一种常规的演出手法，电视上没有了音乐简直就是个不祥的预兆。第四，在讨论过程中没有电视广告，这样的严肃程度只有被刺杀总统的葬礼可以相比了。最后一点，参加讨论的嘉宾包括亨利·基辛格、罗伯特·麦克纳马拉和埃利·威塞尔[1]，每个人都是某种严肃话语的象征。虽然不久之后，基辛格又出现在一档有关《豪门恩怨》的节目中，但他仍然堪称严肃知识分子的典范；而

---

1 埃利·威塞尔（Elie Wiesel, 1928— ），美国作家。由于在反对暴力镇压和种族歧视方面做出的贡献，1986 年获诺贝尔和平奖。——译者注

威塞尔则完全是社会良知的活化身。确实，参加这次讨论的其他嘉宾——卡尔·萨根、威廉·巴克利和布伦特·斯考克罗夫特将军——每个人都以不同的方式表现出自己闪光的智慧，他们都不是那种会参加无聊公共事务的人物。

节目主持人特德·科佩尔首先做开场白。他指出，下面的节目不是辩论，而是讨论，所以那些对话语哲学感兴趣的观众有很好的机会可以了解严肃的电视"讨论"是什么样的。这是当时的情况：在场的6位嘉宾每人有大约5分钟发言，他们似乎并没有规定话题，每个人都是自说自话，对其他人的发言不做任何反应。其实，要对别人的话做出反应也确实不易，因为所有的嘉宾都是依次发言，好像是选美比赛中的决赛者，每个人在摄像机前展示若干分钟。所以，如果威塞尔先生最后一个发言，他想对第一个发言的巴克利先生进行评论，那么在这两位先生的发言之间就会有4个评论，大约占20分钟，这样观众（不是威塞尔先生自己）就有可能忘记是什么论点激发了这样的评论。事实上，这些嘉宾——大多数都是电视上的常客——都非常精通如何避免评论别人的观点，他们利用节目开始的最初几分钟和后来每个人分内的发言时间来表明自己的观点或打动别人。例如，基辛格博士非常急切地想让观众因为他不再是他们的国务卿而感到难过，他不停地提醒每个人他写过的书、提出过的议案和主持过的谈判。麦克纳马拉先生首先告诉观众他那天中午是在德国吃的午饭，然后又说他有至少15个削减核武器的提案。有的人可能料到他会提到削减核武器的提案，但有的人似乎对他在德国的午餐更感兴趣。（后来，他主动提到其中的3个提案，但这些提案都还没有时间讨论。）埃利·威塞尔通过引用一系列类似寓言和隽语的东西，强调指出人类生存的悲剧，但是因为他没有时间举例说明他的观点，所以他的表述有点儿混乱，给人的感觉就像一个犹太教教士一不小心闯进了非犹太教的集会。

说白了，这根本就不是我们平时所说的讨论，没有论点或反论点，没有依据的假设，没有解释，没有阐述，没有定义。在我看来，卡尔·萨根的发言最出色——对核冻结的理由进行了4分钟的说明——但他的发言里仍然至少有两点值得商榷，而且很明显他自己也没有做过仔细的论证。没有人愿意从自己有限的几分钟里抽出时间来谈论别人的观点。在科佩尔先生这一方，怎样让"讨论秀"继续下去是他义不容辞的责任，虽然有时他会顺着思路就他听到的论点做些评论，但他更关心的还是分配给每个人应有的时间。

但是，使节目显得支离破碎、断断续续的并不仅仅是时间的限制。在电视节目进行过程中，是不允许说"让我想一想"或"我不知道"或"你刚才说……是什么意思"或"你的这些信息是从什么地方得到的"，这样的话语不仅减慢了电视节目的节奏，还造成一种不确定或不完美的印象。提出这样的问题暴露了说话者的思考过程，这在电视上出现会像在拉斯维加斯的舞台上出现一样令人尴尬和乏味。思考无法在电视上得到很好的表现，这一点电视导演们很早以前就发现了。在思考过程中，观众没有东西可看。思考不是表演艺术，而电视需要的是表演艺术。美国广播公司展示给我们的是原本具有高超语言驾驭能力和政治见解的人现在屈服于电视媒介，致力于表演水平的提高而不是表达他们的思想。这就说明了为什么这80分钟的讨论节目非常具有娱乐性，就像塞缪尔·贝克特[1]的戏剧一样：主题是严肃的，而意义是无法理解的。当然，他们的表演是非常专业的。萨根放弃了在做另一档节目中穿过的圆领套衫，他甚至还为出席这个节目特意修剪了头发。他在节目中的角色是代表整个地球说话的理性的科学家，保罗·纽曼是否能比他演得更出色都值得怀疑，也许伦纳德·尼莫伊能行。斯考克罗夫特将军非常得体地表现出军人的气质——说话简洁干脆，态度矜持冷淡，完全是一副国家安全捍卫者的模样。基辛格和以往任何时候一样，在这里扮演着一个对国际事务无所不知的政治家，时时担负着阻止灾难的责任。科佩尔的主持人角色发挥得淋漓尽致，表面上看上去是在分析观点，实际上他只是在导演一场表演。最后，大家为这些表演鼓掌，这也是一个好的电视节目所希望得到的，也就是说，它需要的是掌声，而不是反思。

我不是绝对地说电视不能用来表现清晰的语言和思考过程。

1　塞缪尔·贝克特（Samuel Beckett，1906—1989），爱尔兰裔法国戏剧家和小说家，荒诞派戏剧的主要代表之一，代表作为《等待戈多》，1969年获诺贝尔文学奖。——译者注

在威廉·巴克利自己的节目《火线》中，有时会表现正在思考的人，当然这时摄像机的镜头一定是正好对准他们的。还有其他一些节目，比如《记者访谈》或《自由心灵》，它们显然在努力保留文人的高雅和印刷术传统，但这些节目从不和那些具有更多视觉快感的节目抢时间，因为如果那样，它们就没有人看了。归根结底，我们从来没有听说过，一种媒介的表现形式可以和这种媒介本身的倾向相对抗。例如，40 年代早期有一个很受欢迎的广播节目，节目的主角是一个口技表演者，我还记得那个时候我不止一次在"梅杰·鲍斯的爱好者时间"里听到踢踏舞演员的舞步声。（如果我没有弄错的话，这个节目有一次还请来过一个哑剧演员。）但是，口技表演、舞蹈和哑剧都无法在广播中得到很好的表现，就像复杂的谈话节目不适合电视一样。这些节目只有在通过摄像机始终显示图像的情况下才可以勉强被接受——就像总统发表演讲一样。但这不是电视的最佳状态，也不是人们想要看的电视。电视之所以是电视，最关键的一点是要能看，这就是为什么它的名字叫"电视"的原因所在。人们看的以及想要看的是有动感的画面——成千上万的图片，稍纵即逝却斑斓夺目。正是电视本身的这种性质决定了它必须舍弃思想，来迎合人们对视觉快感的需求，适应娱乐业的发展。

电影、唱片和广播（现在已经成为音乐行业的附属品）都以娱乐为目的，它们在改变美国话语风格中所起的作用是不可忽视的。但电视和它们不同，因为电视包容了话语的所有形式。没有人会为了了解政府的政策或最新的科学发现而去电影院，没有人会为了了解棒球赛的比分或天气情况或最近发生的谋杀案而去买唱片，没有人会为了听肥皂剧或总统演讲而打开收音机（如果他的手头还有一台电视机的话）。但是，任何人都可以在电视上看到这一切，甚至更多，这就解释了为什么电视对文化会产生如此巨大的冲击力。电视是我们文化中存在的、了解文化的最主要方式。于是——这是关键之处——电视中表现的世界便成了这个世界应该如何存在的模型。娱乐不仅仅在电视上成为所有话语的象征，在电视下，这种象征仍然统治着一切。就像印刷术曾经控制政治、宗教、商业、教育、法律和其他重要社会事务的运行方式一样，现在电视决定着一切。在法庭、教室、手术室、会议室和教堂里，甚至在飞机上，美国人不再彼此交谈，他们彼此娱乐。他们不交流思想，而是交流图像。他们争论问题不是靠观点取胜，而是靠中看的外表、名人效应和电视广告。电视传递出来的信息不仅仅是"世界是个大舞台"，而且是"这个舞台就在内华达州的拉斯维加斯"。

格雷格·萨科威茨教士是芝加哥的一个天主教神父，他的特点是把传教和摇滚音乐结合起来。据美联社报道，他既是位于芝加哥郊区的圣灵教堂的副牧师，又是 WKQX 电台的音乐节目主持人。在他的节目《心灵旅途》中，萨科威茨神父用他轻柔的声音聊着有关家庭关系或忠诚的话题，并在布道的间隙播放"排行榜前十名的歌曲"。他说他的传教不是用"教堂的方式"，他还补充说:"你不必为了虔诚而忍受乏味的东西。"

与此同时,在纽约市的圣帕特里克教堂,约翰·J·奥康纳神父在就任纽约大主教区大主教的仪式上戴着纽约扬基棒球队的帽子,并一直扮鬼脸。他不时地插科打诨,其中有一个是特别针对爱德华·科克市长的。在后来的一次公开露面中,新任大主教又换上了纽约大都会棒球队的帽子。这些画面当然都上了电视,而且很讨观众的欢心,主要的原因是奥康纳神父(现在已经是红衣主教了)比萨科威茨教士更胜一筹:后者认为"你不必为了虔诚而忍受乏味的东西",前者干脆就认为你根本不必虔诚。

在亚利桑那州的凤凰城,爱德华·迪特里赫医生要给伯纳德·舒勒的心脏做三路分流手术。手术是成功的,这是舒勒先生的幸事;手术通过电视进行了直播,这是美国的幸事。美国至少有50个电视台直播了这次手术,英国广播公司也参加了直播。两个讲说员不停地把他们看到的一切及时通报给观众。我不明白为什么要直播这次手术,但直播的结果是迪特里赫医生和舒勒先生的胸膛都出了名。也许是因为舒勒先生看过太多的电视"医生秀",所以他对自己的手术结果出奇地有信心。他说:"他们绝对不可能让我在电视上死掉。"[1]

1984 年,WCBS 电视台和 WNBC 电视台都大力报道过,宾

1　这个故事被几家报纸同时刊登,其中包括 1983 年 2 月 24 日的《威斯康星州日报》,第 4 版,第 2 页。

夕法尼亚州的公立学校已经试行把所有要学的科目都唱给学生。在电视里，学生们戴着随身听，听着摇滚音乐，而歌词则是由一个演讲稿的八大部分组成。提出这个建议的约茨科·亨德森先生正在计划把数学、历史和英语也纳入摇滚音乐计划，希望以此获得学生更大的欢心。事实上，亨德森先生并不是这个主意的发明人，真正的发明人是儿童电视工作室，他们的电视节目《芝麻街》通过成本昂贵的制作，试图证明教育和娱乐是不可分割的。但是，亨德森先生有他的不同之处。《芝麻街》只是想证明学习阅读的过程可以成为一种轻松的娱乐，而宾夕法尼亚州学校的做法则是要把教室变成摇滚音乐会。

马萨诸塞州的新贝德福德曾播出过一次强奸案的审判，观众们似乎难以判断这到底是一场审判还是一出他们喜欢的午间肥皂剧。在佛罗里达州，电视台定期播放一些不同严重程度的审判，包括谋杀，这些节目在人们眼里比电视剧里虚构的法庭戏更吸引人。这些节目播放的宗旨是为了"教育公众"，出于同样的目的，据说有人正在着手把忏悔也作为电视节目。这个被命名为"忏悔室里的秘密"的节目肯定会包含儿童不宜的内容，所以建议父母们要进行正确的引导。

在美国联合航空公司从芝加哥飞往温哥华的飞机上，一个乘务员小姐宣布旅客要做一个游戏。飞机上持有最多信用卡的旅客将赢得一瓶香槟，结果一个来自波士顿的男子以 12 张信用卡取胜。第二个游戏要求旅客们猜出机组成员年龄的总和，一个来自芝加哥的男子给出 128 岁的答案，拿走了第二瓶香槟。在第二个游戏过程中，天气情况开始恶劣起来，"系安全带"的指示灯亮了起来，但几乎没有人注意到，而乘务员们忙着通过对讲机说笑话，更是一点儿没有察觉。飞机到达终点的时候，机上的每个人都觉得从芝加哥飞往温哥华的旅途实在太愉快了。

1985 年 2 月 7 日，《纽约时报》报道了罗格斯大学（纽瓦克校区）的查尔斯·派因教授被议会命名为"年度杰出教授"，以鼓励他在支持和发展教育方面所做出的贡献。在解释他为何对学生有如此大的影响时，派因教授说："我有一些常用的把戏，如果我的板书已经到了黑板边缘，我会继续在墙上写，学生们总是会哄堂大笑。我展示玻璃分子怎样运动的方法是跑向一面墙，然后从墙上弹回来，跑向另一面墙。"他的学生也许还太年轻，没有看过詹姆斯·卡格尼在《胜利之歌》中关于"分子运动"的表演。如果我没有记错的话，唐纳德·奥康纳在《雨中曲》中也模仿过这样的表演。但据我所知，用在教室里这是第二次：黑格尔曾用这种方法来论证辩证法。

宾夕法尼亚州门诺教派中的严紧派（Amish）一直生活在美国文化的主流之外。他们的宗教反对膜拜图像，也就是说他们是不允许看电影或拍照片的。但显然他们的宗教没有禁止他们观看其中有他们自己图像的电影。1984 年的夏天，派拉蒙影业公司的演职人员到达兰卡斯特镇拍摄电影《目击者》，这是一部关于一名侦探（哈里森·福特扮演）爱上一个严紧派女孩儿的故事。

虽然当地的教会警告居民不要干涉电影的拍摄，但还是有些焊工一做完手上的活就跑到拍片现场看热闹。一些虔诚的教徒躲在远处的草丛里，用望远镜看拍戏。一个严紧派妇女说："我们在报纸上了解这部电影的情况，孩子们还把哈里森的照片剪了下来。"她补充说："但他们并不是对哈里森本人感兴趣。有人告诉我们哈里森在《星球大战》中扮演过角色，这对我们来说并不重要。"[1]

1984 年的冬天，《官方录像杂志》上出现了一幅整页的关于"创世记计划"的广告。这个计划的目标是把《圣经》改编成一系列的电影。最后的成果将被定名为"新媒介圣经"，由 225 小时的电影组成，耗资达 2.5 亿美元。曾执导过《周末夜狂热》和《油脂》的约翰·海曼是最热心于这个计划的导演之一，他说："我被《圣经》迷住了。"在《屋顶上的小提琴手》中以扮演特维成名的以色列演员托波尔将扮演亚伯拉罕的角色。广告中没有提扮演上帝的候选人，但考虑到制片人的背景，有人说这个角色非约翰·特拉沃尔塔莫属。

耶鲁大学在 1983 年的学位授予典礼上颁发了几个荣誉学位，其中有一个是颁给特蕾莎嬷嬷[2]的。在她和其他几个人道主义者

---

1   引自 1984 年 6 月 7 日的《纽约时报》，A 版，第 20 页。
2   特蕾莎嬷嬷（Mother Teresa, 1910—1997），世界著名的天主教慈善工作者。曾先后获得印度尼赫鲁奖金、美国约瑟夫·肯尼迪基金会奖金、教皇约翰二十三世和平奖金和 1979 年诺贝尔和平奖。——译者注

及学者接受学位时，观众的掌声热情但很节制，甚至透出一丝不耐烦，因为他们想把最热烈的掌声献给仍在后台等待露面的那个人。当主持人宣布她的杰出贡献时，很多人都离开了自己的座位涌向台前，想要离那位伟大的女性近一点儿。在梅丽尔·斯特里普[1]的名字被宣读出来后，观众发出的巨大欢呼声足以吵醒纽黑文[2]的死人。一个出席过给鲍伯·霍普颁发荣誉博士学位的人说，斯特里普博士得到的掌声远远超过了霍普博士。因为深知如何取悦观众，耶鲁大学的领导人还邀请了著名脱口秀主持人迪克·卡威特为下一届典礼致开幕词。

在当今所有的总统竞选中，两个竞选人都会在电视上进行所谓的"辩论"，但这些辩论与林肯和道格拉斯的辩论根本无法同日而语，甚至根本不算什么辩论。每个竞选人有 5 分钟时间回答诸如"你对中美洲将采取什么政策"这样的问题，然后他的对手可以做 1 分钟的反驳。在这种情况下，复杂的措辞、充分的证据和逻辑都派不上用场，有时候连句法也被丢到一边。但这并没有关系，他们关心的是给观众留下印象，而不是给观众留下观点，而这正是电视擅长的。辩论后的综述通常避免对竞选人的观点进行评论，因为确实也没什么可以评论的。这样的辩论就像是拳击比赛，关键的问题是"谁打倒了谁"，而这个问题的答案则

1　梅丽尔·斯特里普（Meryl Streep, 1949—　），美国女演员，奥斯卡金像奖获得者，被认为是 20 世纪 80 年代美国最受欢迎的女演员之一。——译者注
2　纽黑文是耶鲁大学所在地。——译者注

取决于竞选人的"风格"——他们的外表如何，他们的眼神如何，他们怎样微笑，怎样说俏皮话。当年在里根总统与弗里茨的第二场辩论中，里根总统在被问到年龄时说了一句极精彩的俏皮话，结果第二天有好几家报纸都透露里根用他的笑话击败了对手弗里茨。由此可见，自由世界的领导人是电视时代的人民选择的。

所有这一切都证明了一点，那就是我们的文化已经开始采用一种新的方式处理事务，尤其是重要事务。随着娱乐业和非娱乐业的分界线变得越来越难划分，文化话语的性质也改变了。我们的神父和总统，我们的医生和律师，我们的教育家和新闻播音员，都不再关心如何担起各自领域内的职责，而是把更多的注意力转向了如何让自己变得更上镜。欧文·伯林有一首著名的歌，只要改掉歌名中的一个词，他就会成为像奥尔德斯·赫胥黎那样的先知。他应该这样写：除了娱乐业没有其他行业。1

1　这首歌的原歌名是 "There's No Business Like Show Business"（没有哪个行业能像娱乐业），本文作者将歌名改为 "There's No Business But Show Business"（除了娱乐业没有其他行业）。——译者注

第7章

"好……现在"

美国幽默家 H·艾伦·史密斯曾经说过，在英语语言让人讨厌的词中，最可怕的是"呃噢"。想象一下，外科大夫看着你的X光片，紧锁着眉头说一声"呃噢"，你会是什么感觉？我想说的是，本章的题目"好……现在"也像"呃噢"一样可怕，甚至更可怕，因为说这几个字的时候，人们不会紧锁眉头，而是带着一种弱智者般的笑容。这个表达方式，如果可以这样评价它的话，是为我们的语法增添了一种词类，一种无法连接任何东西的连词，相反，它把一切都分割开来。它已经成为当今美国公众话语支离破碎的一种象征。

"好……现在"常被用于广播和电视的新闻节目，目的在于指出我们刚刚看到或听到的东西同我们将要看到或听到的东西毫无关系。这个表达方式让我们承认一个事实，那就是在这个由电子媒介勾画出来的世界里不存在秩序和意义，我们不必把它当回事。再残忍的谋杀，再具破坏力的地震，再严重的政治错误，只要新闻播音员说一声"好……现在"，一切就可以马上从我们的脑海中消失，更不要说是引人入胜的球赛比分或预告自然灾害的天气预报了。通过说"好……现在"，新闻播音员的意思是我们对于前一个新闻的关注时间已经够长了（大约45秒），不必一直念念不忘（比如说90分钟），你应该把注意力转向其他的新闻或广告。

"好……现在"这种世界观不是电视首创的，它是电报和摄影术媾和的产物，但却是通过电视才得到充分的滋养并逐渐成熟的。在电视上，几乎每半个小时就是一档独立的节目，在内容、背景和情绪上都同前后的节目毫无关系。也许是因为电视节目的价码是根据分秒计算的，也许是因为电视使用的是图像而不是文字，也许是为了让观众可以随时开始或结束观看，电视上的节目几乎每8分钟就可以成为一个独立完整的单元。看电视的时候，观众很少需要把上一时间段的思想或情绪带到下一个时间段。

当然，在电视的"今日新闻"中，我们可以看见"好……现在"这个话语模式以它最大胆也最让人尴尬的方式出现。在这里，我们看见的不仅是零散不全的新闻，而且是没有背景、没有结果、没有价值、没有任何严肃性的新闻，也就是说，新闻成了纯粹的娱乐。

假设一下，如果你有机会为某个电视台制作一档电视新闻节目并要吸引尽可能多的观众，会怎样着手呢？首先，你要选择演播人员，每个人都必须有一张"可爱""可靠"的脸。从那些应聘的人交来的特大光面照片中，你可以淘汰掉那些相貌不适合每晚出现在电视屏幕上的人。这意味着不漂亮的女人或50岁以上的女人、秃顶的男人、所有的胖子和那些鼻子太长、两只眼睛靠得太紧的人都要被排除在外。换句话说，你要做的是要集合一群会说话的时髦发型。至少，你不会选择那些不受杂志封面欢迎的脸。

克里斯蒂娜·克拉夫特就有这样一张符合要求的脸，所以她应聘了堪萨斯市 KMBC 电视台的联合主持人职位。后来她以性别歧视的罪名把该电视台告上了法庭，据她的律师说，该电视台的管理层"喜欢克里斯蒂娜的相貌"。她是 1981 年 1 月被聘用的，同年 8 月由于调查显示她的相貌"妨碍了观众接受程度"而被解聘。[1] "妨碍了观众接受程度"，到底是什么意思？这和新闻又有什么关系？不论是对于电视新闻还是任何其他电视节目，"妨碍了观众接受程度"的意思都是一样的：观众不喜欢看节目中的表演者。这句话还意味着观众不信任表演者，该表演者缺少可信度。如果是舞台表演，我们就更能明白这句话的意思了：演员的表演让观众觉得他不像他正在扮演的角色。但是新闻节目中缺少可信度又意味着什么呢？联合主持人应该扮演什么角色呢？我们又是凭什么东西来判断表演不够逼真呢？观众会不会认为播

---

1 关于克拉夫特案件的详细报道，参见 1983 年 7 月 29 日的《纽约时报》。

音员在撒谎，或报道的事件根本就没有发生过，或他隐瞒了什么重要的信息？

想到这些可能性的存在，想到报道的真实性要取决于新闻播音员的被接受程度，不禁让人感到毛骨悚然。古代有一种风俗，带来坏消息的人要被驱逐或杀死。难道电视新闻节目通过一种奇怪的方式又恢复了这样的传统吗？如果我们不喜欢播报新闻的人，是否也要驱逐他呢？难道电视为了迎合观众的喜好可以是非不分吗？

如果上面任何一个问题的答案是肯定的，那么就值得认识论者注意了。用最简单的话来说，电视为真实性提供了一种新的定义：讲述者的可信度决定了事件的真实性。这里的"可信度"指的并不是讲述者曾经发表过的言论是否经得起事实的检验，它只是指演员/报道者表现出来的真诚、真实或吸引力（需要具备其中一个或一个以上的特点）。

这是一个非常重要的问题，因为它不仅仅限于真理如何在电视新闻节目中得到体现。如果在电视上，可信度代替了事实而成为检验讲述是否可信的决定性因素的话，那么我们的政治领导人就不必关心事实真相，而只要努力让自己的表演达到最佳的逼真感就可以了。例如，我怀疑理查德·尼克松之所以蒙羞，不是因为他撒谎，而是因为他在电视上表现得像个撒谎者。如果这是真的，没有人心里会觉得踏实，连最痛恨尼克松的人恐怕也不会例外，因为这也意味着其他的可能性：有的人看上去像在撒谎，事实上说的却是实话；或者更糟糕的是，有的人看上去像在说实话，其实却是在撒谎。

作为电视新闻节目的制片人，你必须意识到这些问题，你必须按照戴维·梅里克和其他成功制片人的标准慎重选择演播人员。和他们一样，你要把注意力放在如何最大限度地实现节目的娱乐价值上。例如，你要为节目选择一个音乐主题。所有的电视新闻节目的开始、结束或中间都要插入一段音乐。我发现很少有美国人会觉得这样的做法奇怪，这足以证明严肃的公众话语和娱乐之间存在的分界线已经荡然无存。音乐和新闻有什么关系？为什么要播放音乐？我想，这可能是和在戏剧和电影中使用音乐的道理是一样的——制造一种情绪，为娱乐提供一个主题。如果没有音乐——就像有时电视节目中会插播新闻字幕一样——观众会猜想一定是什么真正可怕的事情发生了，例如死人之类的，但只要有音乐在，观众就知道没什么了不得。事实上，报道的事件和事实的关系充其量就像剧情和戏剧的关系一样。

其他的几个特点也验证了新闻节目是一种为了娱乐观众而上演的表演，例如每条新闻占用的时间平均为 45 秒。虽然简短并不总是意味着缺乏重要性，但对于新闻来说却就是这么回事，因为要在不到 1 分钟的时间里报道一个具有相当严肃性的事件几乎是不可能的。事实上，电视新闻并不想提醒观众某条新闻有严肃的内涵，否则观众在新闻播完后必定还要继续思考，这样就会妨碍他们观看下一条新闻。其实，观众并没有什么机会分出几秒钟进行一些思考，因为电视屏幕上的图像会源源不断地出现。图像的力量足以压倒文字并使人的思考短路。作为一个电视制片人，你要通过图像吸引观众的注意力。被带进警察局的杀人嫌犯，受骗上当的顾客怒气冲冲的脸，从尼亚加拉大瀑布上滚下来的桶（里面据说有一个人），从直升机上下来踏上白宫草坪的总统——这些都是足够精彩的画面，完全符合娱乐节目的要求。当然，这些画面并不一定要说明新闻的要点，也不需要解释为什么选择这些画面。镜头本身就是理由，这是每个电视制片人都明白的道理。

同样重要的还有一点，那就是播音员在为电视节目配上开场白或收场白的时候，不要停下来露出痛苦的表情或全身发抖，否则就无法达到一种高度的不真实感。确实，很多播音员似乎并不明白他们所说内容的意义，他们播报地震、大屠杀和其他灾难新闻的时候往往保持一种固定不变的、得体的热情。如果播音员流露出任何恐惧或忧虑，观众一定会寝食不安。在"好……现在"这种文化中，观众其实是播音员的合作伙伴，他们希望播音员在扮演其角色时要表现出说得过去的严肃性，但同时又不需要真正理解角色的含义。在电视观众这方面，就像看戏的观众不会因为舞台上的角色说有个杀人犯在附近居民区流窜就慌忙打电话回家一样，他们绝不会把自己看到的东西当真。

观众还知道，有的新闻不管看上去有多严重（例如，在我写作本文的这天，一个海军陆战队的将军宣称美国和俄罗斯之间的核战争无法避免），它后面紧跟着播放的一系列广告就会在瞬间消解它的重要性，甚至让它显得稀松平常。这是新闻节目结构的一个关键，它有力地反驳了电视新闻是一种严肃的公众话语形式的言论。如果我写到这里停下来，告诉你我过一会儿再继续我的讨论，然后开始以联合航空公司或大通曼哈顿银行的名义写几句话，你会怎么看待我，怎么看待我的这本书？你肯定会认为我不尊重你，不尊重这本书。如果我把上述的假设在每一章中重复几次，你一定会认为这整本书根本不值得一看。但是，我们为什么没有觉得电视节目不值得一看呢？其原因，我想是因为我们希望书和其他一些媒介（比如电影）应保持口气上的一致以及内容上的连贯，而对电视节目就没有这样的要求，尤其是对电视新闻。我们已经习惯了电视的不连贯性，任何一个心智正常的人都不会因为播音员在播完有关核战争无法避免的新闻之后说"巨无霸广告后我们再见"而晕倒。我们几乎无法想象这样的情况会对我们的世界观产生怎样的危害，尤其是对那些过于依赖电视了解这个世界的年轻观众。在看电视新闻的时候，他们比任何其他观众群体都更愿意相信，所有关于残暴行为和死亡的报道都是夸大其词的，都不必当真或做出理智的反应。

我必须指出，掩藏在电视新闻节目超现实外壳下的是反交流的理论，这种理论以一种抛弃逻辑、理性和秩序的话语为特点。在美学中，这种理论被称为"达达主义"；在哲学中，它被称为"虚无主义"；在精神病学中，它被称为"精神分裂症"；如果用舞台术语来说，它可以被称为"杂耍"。

对于那些认为我在这里夸大其词的人，我可以引用罗伯特·麦克尼尔对电视新闻的描述来证明我的观点，他是《麦克尼尔—莱勒新闻时间》的执行编辑兼联合主持人。他说，好的电视新闻要"一切以简短为宜，不要让观众有精神紧张之感，反之，要以富于变化和新奇的动作不断刺激观众的感官。你不必注意概念和角色，不要在同一个问题上多停留几秒"。[1] 他还说，制作新闻节目的奥义是："越短越好；避免复杂；无须精妙含义；以视觉刺激代替思想；准确的文字已经过时落伍。"[2]

让罗伯特·麦克尼尔来证明电视新闻节目类似杂耍，是再合适不过了。《麦克尼尔—莱勒新闻时间》试图把印刷术的话语因素带入电视，并做出了可贵的努力。这个节目舍弃了视觉刺激，由对事件的详细报道和深度访谈构成（也只有5—10分钟）。该节目每次只报道少数几个事件，强调背景资料和完整性。但麦克尼尔因为拒绝娱乐业的模式付出了惨重的代价。按照电视节目的标准，他的观众少得可怜，节目只能在几个公立电视台播放，麦克尼尔和莱勒两人的工资总和估计也不过是丹·拉瑟或汤姆·布罗考的1/5。

如果你是商业电视台的新闻节目制片人，那么，你根本无法

1　麦克尼尔，《电视是否缩短了我们的注意广度》，《纽约大学教育季刊》14:2（冬季刊，1983），第2页。
2　同上，第4页。

忽视电视提出的要求。它要求你为最大的观众群奋斗，也许你有很好的初衷，但结果你还是可能制作出像麦克尼尔所描述的那种节目。而且，你可能会比麦克尼尔描述的走得更远，你会想尽办法把你的新闻播音员捧成名人，你会在报纸和电视上为节目大做广告，你会制作"简明新闻"来吸引观众，你会让天气预报播音员成为喜剧性调味剂，你还会让体育播音员故意用上粗鲁的语言（以此得到喝啤酒的普通人的认可）。简单地说，你会像娱乐业中的任何一个制片人一样包装整个节目。

这样的电视节目使得美国人成为西方世界得到最多娱乐却得到最少信息的人。我可以大胆地这样说，尽管很多人都吹嘘电视作为世界的窗口已经使美国人成为消息最灵通的人，当然这要取决于"消息灵通"的定义。对于那些向我们透露70%的美国公民不知道国务卿或最高法院首席大法官是谁的民意测验，我不想多费笔墨，但我们可以拿"伊朗人质危机"作为例子。我想近年来没有哪个事件比它更受电视关注了，所以，我们也许可以假定，美国人对于这个不愉快的事件应该有足够的了解。那么现在，我问你：如果我说在 100 个美国人中找不到一个人知道伊朗人说什么语言，或知道"阿亚图拉"[1] 的意思，或了解伊朗人的宗教信仰，或能说出他们政治历史的概要，或知道"沙阿"[2] 是

1　阿亚图拉（Ayatollah），对伊朗等国伊斯兰教什叶派领袖的尊称。——译者注

2　沙阿（Shah）：伊朗国王的称号。——译者注

何人，来自何方，那么你会不会觉得我是在故弄玄虚？

当然，每个人对于这个事件确实都有一些看法，因为在美国，每个人都有权保留自己的看法，而且在进行民意测验的时候，这些看法往往特别有用。但这些看法和18世纪或19世纪的看法完全不同，也许称它们为"情绪"可能更合适些，这就是为什么每个星期这些看法都会改变的缘故，这一点从民意测验的结果中不难看出。电视通过创造出一种可以被称为"假信息"的种类改变了"得到消息"的含义。我这里所说的"假信息"和美国中央情报局及克格勃的特工们所说的"假情报"，意思几乎完全一样。假信息并不意味着错误的信息，而是意味着使人产生误解的信息——没有依据、毫无关联、支离破碎或流于表面的信息——这些信息让人产生错觉，以为自己知道了很多事实，其实却离事实的真相越来越远。我并不是说电视新闻在故意蒙蔽美国人，我想说的是，当新闻被包装成一种娱乐形式时，它就不可避免地起到了蒙蔽作用。我前面说过，电视新闻节目提供给观众的是娱乐而不是信息，这种情况的严重性不仅在于我们被剥夺了真实的信息，还在于我们正在逐渐失去判断什么是信息的能力。无知是可以补救的，但如果我们把无知当成知识，我们该怎么做呢？

从下面这个例子，我们可以知道自己是怎样被迷惑的。1983年2月15日《纽约时报》上有一篇文章，标题是：

里根误述　无人关注

文章是这样开头的：

> 里根总统的助手们过去常常因为总统先生对于其政策及时事做出错误甚至误导的评述而感到惊恐万分。现在，这样的情况很少发生了。
>
> 其实，总统先生还是照旧发表值得争议的观点，但报界对此不再像过去那样穷追不舍。据白宫官员分析，报纸减少报道反映了公众兴趣的减退。

这篇文章与其说是新闻报道，不如说是关于新闻的报道，最近发生的事情也证明了这篇文章想要传递的不是罗纳德·里根的魅力。它告诉了我们新闻是怎样被定义的，我相信，不论是自由论者还是早些时候的独裁者看到这篇文章都会感到震惊。沃尔特·李普曼在1920年写过："无法察觉谎言的社会是没有自由的。"尽管他对恢复18世纪和19世纪的那种公众话语持悲观态度，但他和在他之前的托马斯·杰弗逊都同意这样一个假设：如果报界训练有素并可以充当测谎仪，那么公众对于总统的误述一定会表现出极大的兴趣。他认为，如果有了测谎的方法，公众就不可能对谎言的结果无动于衷。

但他的假设不适用于我们上述的例子。报道白宫动态的记者们很愿意也能够发现谎言，他们的报道足以让公众了解真相并激起义愤，但现在的问题很明显是公众拒绝表示兴趣。对于那些有关白宫谎言的新闻报道，公众会用维多利亚女王著名的一句话作答："我们不觉得好笑。"但是在这里，这句话的意思和女王的意思并不一样，这里的意思是"不好笑的东西不值得他们关注"。也许，如果总统的谎言能够用图片展示出来并伴以音乐，公众就可能惊讶地瞪大眼睛。如果他对政府政策的错误解释被拍成一部像《惊天大阴谋》那样的电影，如果电影里再出现几个洗钱的恶棍，观众的兴趣就一定会大增。我们都清楚地记得，尼克松总统在自己的谎言被"水门事件"听证会上的磁带彻底揭穿之前，一直表现得非常镇定。但我们这里没有这样富有戏剧性的东西，里根总统只是说了不完全属实的话，这里面没有什么特别有趣的。

但这里我们还是应该指出其中的微妙之处。总统的很多"误述"都是自相矛盾的——在同一语境中，两种不同的解释不可能都是正确的。"同一语境"是个关键词，因为只有通过语境我们才能判断出一个表述是否自相矛盾。有这样一个人，他一会儿说在橘子和苹果中他更喜欢橘子，一会儿又说在橘子和苹果中他更喜欢苹果。如果一句话是在选择墙纸图案时说的，另一句话是在选择做甜点的水果时说的，我们就会说这两种意见是相反的，但它们不是自相矛盾的。可如果这两句话是在同一个前后连贯的语境中说的,那么它们就是自相矛盾的,并且不可能同时成立。简单地说,自相矛盾的存在需要具备一些条件,只有在一个前后连贯的语境中,观点和事件彼此相关,自相矛盾才能成立。如果语境消失了,或者被割裂了,那么自相矛盾也会随之消失。我和我的年轻学生们关于他们写作的对话是一个很好的例子,可以帮助你更清楚地理解我的观点。我说:"你看,在这一段里你这样说,在那一段里你又说了相反的话,到底应该是什么?"他们很有礼貌,而且也想迎合我的意思,但他们被我提出的问题弄糊涂了,而我紧接着也被他们的回答弄糊涂了。他们说:"我知道,但一个是在那里,一个是在这里。"我们的分歧在于,我认为"这里"和"那里","此时"和"彼时",一个段落和另一个段落,都应该是彼此相连、前后贯通的,都属于同一思想世界的一部分。这是印刷术话语的方式,印刷术是我"来自"的世界,他们都这么说。而他们来自一个完全不同的话语世界:电视中"好……现在"的世界。在他们的世界里,一切都是没有连贯性的。在这样一个被割裂的世界里,我们无法通过识别自相矛盾来检验正误,因为自相矛盾根本不存在。

我们已经彻底地适应了电视中"好……现在"的世界——所有的事件都是独立存在的,被剥夺了与过去、未来或其他任何事件的关联——连贯性消失了,自相矛盾存在的条件也随之消失了。在没有语境的语境中,它只能消失。没有了自相矛盾,公众怎么可能对总统这会儿说什么、那会儿说什么感兴趣呢?任何新闻都只是旧新闻的改写，没什么有趣的或好笑的。唯一有趣的是记者们面对公众的漠然所表现出来的迷惑不解。这整个事情极富讽刺意义，那些把世界分解开来的人们现在正想方设法想把它拼合回去，但他们惊讶地发现，没有人注意到他们的努力，或者根本就不在乎。

面对这样的局面，像乔治·奥威尔这样思想敏锐的人可能也会不知所措了。这根本不是"奥威尔式"的情况。新闻界没有成为总统的掌中之物，《纽约时报》和《华盛顿邮报》没有变成《真理报》，美联社没有变成塔斯社，而且这里也没有"新话"[1]。谎言没有被定义成真理，真理也没有被定义成谎言。真正发生的是公众已经适应了没有连贯性的世界，并且已经被娱乐得麻木不仁了。奥尔德斯·赫胥黎对这样的情况不会感到吃惊，他早就预见了它的到来。他相信，西方民主社会将莺歌燕舞、醉生梦死地消亡，而不是戴着镣铐一路哀歌。赫胥黎看清了这一点，而奥威尔则没有。公众沉醉于现代科技带来的种种娱乐消遣中，对于自相矛盾这种东西早已失去了感知能力，为了这样的公众，处心积虑掩盖事实显然是多此一举。虽然赫胥黎没有明确指出电视在这当中起的作用，但他肯定会很赞成罗伯特·麦克尼尔

1　"新话"（Newspeak）：指以模棱两可和自相矛盾为特点的宣传语言，源自乔治·奥威尔的小说《一九八四》。

的话：电视就是奥尔德斯·赫胥黎《美丽新世界》中的"解忧丸"[1]。控制人们的不是"老大哥"，而是电视上的"好迪都迪"[2]。

我并不是说公众信息失去重要性都是电视之过。我的意思是，电视是我们了解公众信息的样板。和早些时候的印刷机一样，电视已经获得了定义新闻存在形式的力量，而且它还决定了我们如何对新闻做出反应。在把新闻包装成杂耍的同时，电视也引诱其他媒介这样做，于是整个信息环境都变成了电视的一面镜子。

例如，美国非常成功的全国性报纸《今日美国》，就是完全按照电视的模式定型的。它在大街上被摆在类似电视机的东西上出售，它刊登的故事出奇的短，它的版面设计大量使用照片、图表和其他图像，有的还是彩色的。它上面的天气预报图简直称得上是一种视觉享受；它的体育版上无聊的数据多得可以让电脑发疯。结果，创刊于 1982 年 9 月的《今日美国》已经一跃而成为美国第三大日报（这是发行审计局截至 1984 年 7 月公布的结果），远远超过了《每日新闻》和《华尔街日报》。偏好传统的记者们批评它肤浅夸张，但该报的编辑们对印刷术时代的标准继

1　原文为"soma"，是奥尔德斯·赫胥黎所著的《美丽新世界》中人们为了解除烦忧服用的一种药丸。——译者注

2　原文为"Howdy Doody"，是 20 世纪 50 年代美国最受儿童欢迎的电视节目。——译者注

续不管不顾。该报的总编约翰·奎因说："我们并不想得大奖，何况他们也不会为最深入分析的段落颁奖。"[1] 这是他们为电视认识论产生的共鸣而献上的礼赞：在电视时代，段落已经成为报纸新闻的基本单位。而且，奎因先生也不必为不能得奖而过于烦恼，随着其他报纸加入到他们的队伍中来，给最深入分析的段落颁奖的日子估计也不会太远了。

我们这里还应该注意到，一些新出现的成功杂志，比如《人物》和《美国》，不仅仅是电视型印刷媒介的典范，而且它们对于电视也有不可低估的反作用。电视告诉杂志"新闻是一种娱乐"，杂志转而告诉电视"只有娱乐才是新闻"。有些电视节目，比如《今夜娱乐》，把关于艺人和名人的信息转换成"严肃"的文化内容，这就使新闻的娱乐性更完整了：新闻的形式和内容都成了娱乐。

在赫胥黎笔下充满现代技术麻醉剂的世界中，广播算得上是媒介中的另类。广播本身的特点使它非常适合传播理性而复杂的语言。但是，除了注意到广播已经完全被音乐俘虏外，我们还发现了一个让人心寒的事实：广播给予我们的语言日渐显得原始凌乱，很多时候只是为了引起本能的反应，也就是说，无所不在的摇滚音乐代替了语言而成为广播的主要收入来源。在现在流行的、观众来电点播节目中，观众的语言不过是一种类人的咕哝

---

1 见 1984 年 7 月 9 日的《时代周刊》，第 69 页。

声。这样的节目没有内容，但也许还有一点儿考古意义，因为它可以让我们知道尼安德特人[1]之间的对话大概是什么样的。而且，在电视的影响下，广播新闻的语言也越来越脱离语境，变得断断续续，所以人们了解这个世界的途径被有效地截断了。在纽约市，WINS广播电台请求听众："给我们22分钟，我们将给你整个世界。"他们说这句话时是诚恳的，听众们也不会把这个口号当作痴人说梦。

于是，我们将快速地进入到一个真正可以被称为"欢乐问答"的信息环境。这个被称为"欢乐问答"的游戏使琐碎的事实作为娱乐的源泉，我们的新闻也一样。历史已经证明，一个文化不会因为假信息和错误观点而灭亡，但历史从来没有证明过，一个自认为可以在22分钟内评价整个世界的文化还会有生存的能力。除非，新闻的价值取决于它能带来多少笑声。

1　考古研究认为，尼安德特人作为已消失的古老人种曾经生活于欧亚大陆直到距今约40000年前。

第 *8* 章

走向伯利恒

　　有一个福音传教士经常出现在电视上，她的名字叫特丽。她看上去 50 岁出头，头发梳理得挺直僵硬，人们说她的头发只会被折断，而不会被弄乱。特丽教士精力旺盛而且不拘礼节，她的传教风格显然是效仿早些时候的密尔顿·伯利。从观众的脸部特写镜头可以看出，他们几乎一直在笑。要不是他们的样子稍稍显得整洁健康一些，我们很难把他们和在拉斯维加斯观看演出的观众区分开来。特丽教士奉劝在座的以及那些"在家"的人通过找到耶稣改变自己的道路。为了更有效地达到目的，她向大家提供了一套"致富行动资料"，此举有双重目的：在走近耶稣的同时，还可以学习怎样使银行里的存款数目变大。这使她的追随者欣喜不已，他们更加坚定了自己的信仰：致富是宗教的真正目的。但是也许上帝并不同意他们的观点，在我写这本书的时候，特丽教士已经被迫宣布破产并暂时停止了她的传教活动。

帕特·罗伯逊是热门节目《700 俱乐部》的主持人，这既是一个电视节目，同时又是具有某种宗教性质的组织，你每个月只要付 15 美元就可以加入了（当然，如果你装了有线电视，就可以免费观看）。罗伯逊教士比特丽教士表现得要低调一些，他谦逊、睿智，具有电视观众喜欢的那种冷静的脱口秀主持人的魅力。他的感召力比特丽教士要大得多，至少从电视的角度来看是这样。他的节目仿效《今夜娱乐》节目的模式，包括采访、歌手访谈和成为再生基督徒的艺人的录像。例如，夏威夷唐·何[1]合唱团的姑娘们都是再生基督徒。在录像里，我们看到她们既在教堂里祈祷，又在舞台上表演（虽然不是同一时间）。这个节目还再现了曾经处于绝望边缘的人们看了《700 俱乐部》之后重新树立了生活的信心。这些人在精心制作的文献电视中扮演自己的角色。在其中一个节目中，我们看见一个由于焦虑而精神几近崩溃的妇女，她无法尽妻子应尽的义务，所有的电视节目和电影都让她对世界产生恐惧。她开始成为妄想狂，认为亲生的孩子都想谋杀自己。随着剧情的发展，我们看见她坐在电视机前，偶尔发现了《700 俱乐部》。她对这个节目传递的信息产生了兴趣，开始接纳耶稣走进她的心灵。她被拯救了。在节目的最后，我们看见她平静而快乐地生活着，眼睛里洋溢着平和的光芒。所以，我们也许可以说，《700 俱乐部》两次把她带入了超凡的境界：第

　　1　唐·何（Don Ho），夏威夷著名歌星、娱乐界名人。——译者注

一次是把她带到了耶稣的面前，第二次是使她成为一个电视明星。对于那些涉世不深的人来说，到底哪一个是更高的境界，他们都不清楚。

在每期《700俱乐部》结束的时候都会播出下次节目的预告，而且这些预告的节目总是异常丰富多彩。节目最后是一句我们常听到的话："精彩节目不嫌多……明天同一时间，《700俱乐部》再见。"

吉米·斯瓦加特是一个有点儿老派的福音传教士。虽然他的钢琴技艺精湛，歌声也非常动人，而且也可以充分利用各种电视资源，但他最喜欢的还是那种激情澎湃的传教方式。但因为要出现在电视上，他便常常用普世教会的理论来缓和自己的态度。例如，在讨论"犹太人是否亵渎神灵"这个问题时，他首先回忆了耶稣的成人仪式，强调基督徒亏欠犹太人太多，并由此得出结论，犹太人没有亵渎神灵。在结尾的时候，他又指出，犹太人因为失去了自己的神殿而迷失了方向。他想要告诉大家的是，犹太人是可悲的而不是可鄙的，他们中有很多人都是相当不错的好人。

这是完美的电视传道——精彩、动情，有一种让人奇怪的宽慰，甚至犹太观众也会有这种感觉。电视——上帝保佑它——绝不适合传递赤裸裸的仇恨。一方面，你不知道谁在看电视，所以最好不要过于挑衅；另一方面，满脸涨得通红、不断挥舞双手的仇恨者在电视上会显得非常愚蠢。这一点马歇尔·麦克卢汉早就发现了，参议员约瑟夫·麦卡锡还因此吃过亏。电视喜欢一团和气，有时候沉默是最好的。（但也有例外，像斯瓦加特这样的教士在谈到魔鬼和现世人文主义这样的话题时是不可能沉默的，他们攻击敌人时总是不依不饶。也许这是因为魔鬼和现世人文主义者都不在尼尔森收视率调查范围之内，而且他们也不看电视。）

宗教组织目前拥有并管理着35家电视台，每家电视台都有自己的宗教节目。为了写这个章节，我看了42小时的宗教节目，大多是罗伯特·舒勒、奥拉尔·罗伯茨、吉米·斯瓦加特、杰里·福尔韦尔、吉姆·巴克和帕特·罗伯逊主持的节目。看42小时节目其实完全没有必要，5个小时就足够让我得出结论，其中的两个结论是显而易见的。

第一个结论是，在电视上，宗教和其他任何东西一样，被明白无误地表现为一种娱乐形式。在这里，宗教不再是具有历史感的深刻而神圣的人类活动，没有仪式，没有教义，没有传统，没有神学，更重要的是，没有精神的超脱。在这些节目中，传教士是头号人物，上帝只能充当配角。

第二个结论是，宗教之所以成为娱乐是由电视本身的倾向决定的，而不是因为这些所谓的电视传教士存在缺陷。确实，他们中的有些人没有受过很好的教育，见解狭隘，还很偏执。他们自然无法和早期的福音传教士媲美，比如乔纳森·爱德华兹、乔治·怀特菲尔德和查尔斯·芬尼，个个都学识过人、精通神学，具有高超的表述能力。但是，在缺陷方面，今天的电视传教士和早期的福音传教士或今天只局限于教堂传教的神职人员们差别并不大。使这些电视传教士成为宗教体验的敌人的不是他们的弱点，而是他们赖以工作的媒介。

大多数美国人，包括传教士，如果能稍加思考，就会发现并不是所有的话语形式都能够从一种媒介转换成另一种媒介的。如果你以为用某种形式表达出来的东西可以用另一种形式丝毫不损害意义地表达出来，那你就过于天真了。很多散文可以成功地从一种语言翻译成另一种语言，但我们知道诗歌很难做到这一点，我们也许能够大致了解一首译诗，但其中一定有什么东西已经丧失了，特别是赋予诗歌美感的那种东西。通过翻译，它已经成为另一首诗歌。还有一个例子：我们也许发现送一张安慰卡给失去亲人的朋友是一件很容易的事，但如果我们认为卡片能够表达我们当面哽咽着说出的话的相同意思，那就是自欺欺人了。卡片不仅改变了我们要说的话，而且还改变了赋予这些话意义的语境。同样，如果我们相信老师传授的知识可以用微型计算机更有效地复制出来，那么我们也是在欺骗自己。也许有的东西是可以复制的，但我们始终要问一个问题：复制过程中会丢失什么？答案可能是：一切赋予教育重要性的东西。

不是一切都是可以用电视表达的，或者更准确地说，电视把某种事物转换成了另一种东西，原来的本质可能丢失，也可能被保留下来。大多数电视传教士没有严肃地思考过这个问题，他们以为，原本在教堂或帐篷里面对面的传教也可以在电视上进行，而且既不会丢失原意，也不会改变宗教经验的性质。他们没能认识到复制过程中存在的问题，这也许是因为电视为他们提供了大量的观众，让他们心生傲慢而无暇顾及其他。

比利·格雷厄姆曾经写道："电视是人类发明的最有力的交流工具。我的每一期黄金时段的'特别节目'在美国和加拿大的近 300 个电视台同时播出，我一次电视直播的观众比耶稣一生中传教的对象要多千百万。"[1] 对此，帕特·罗伯逊补充说："说教会不应该利用电视是非常愚蠢的。他们的需要是一样的，他们传递的信息是一样的，但传递的方式可以改变……要让教会不利用美国最具有生成力量的工具简直愚不可及。"[2]

这样想真是太幼稚了。如果传递方式改变了，传递的信息就极有可能也不一样了。如果信息传递的语境和耶稣所处的时代完全不同，那么我们就不能指望信息的社会意义和心理意义还能保持不变。

电视本身的几个特点以及它的周围环境，使得真正的宗教体验无法实现。首先，我们无法神化电视节目播出的空间。任何传

1　格雷厄姆，《电视传教的未来》，《收视指南》第 31 期，1983，第 5—8 页。

关于格雷厄姆风格的详细分析，请参见迈克尔·里尔的《大众中介文化》。要想了解对他有趣而尖刻的分析，参见罗兰·巴特的作品。在《埃菲尔铁塔和其他神话》中，巴特说："如果上帝真的通过格雷厄姆博士的嘴巴说话，那上帝就是一个笨蛋。"

2　引自罗伯特·阿贝尔曼和金伯利·诺伊恩多夫所著的《广播中的宗教》，第 2 页。

统的宗教仪式都要求，举行仪式的地方要具有某种程度的神圣性。教堂被设计成一个举行仪式的地方，所以几乎所有出现在那里的东西都具有宗教的氛围。但是宗教仪式并不一定都要在教堂里举行，只要事先进行一番净化，几乎所有的地方都能胜任。所谓"净化"，就是说要去除它一切世俗的用途。要达到这个目的，我们只要在墙上放一个十字架，或在桌子上放一些蜡烛，或在醒目的地方放上一本《圣经》。通过这些，体育馆、餐厅或宾馆都可以被改造成朝圣的地方，都可以暂时从世俗世界中超越出来而再现为一种不属于我们这个世界的现实。但是，为了实现这个转换，一些行为规范是必须遵守的。例如，在这些地方不能吃东西或闲聊，必须戴上无檐便帽或在适当的时候跪下，按要求无声地静默。我们的行为要符合非世俗世界的规则。但在看电视宗教节目时，我们通常不会遵守这些规范。不论电视上是在播宗教节目还是在播电视剧《达拉斯》，我们都不会改变在自己的客厅、卧室或厨房里进行的活动，我们吃东西、聊天、上厕所、做俯卧撑或做看动画片时习惯做的任何事情。如果观众不能沉浸在非世俗世界的神秘氛围中，那他也就不可能获得一种超凡脱俗的宗教体验。

还有一点，电视屏幕本身也有着很明显的现世主义倾向。屏幕上充满了世俗的记忆，电视广告和娱乐节目已经在这里深深扎根，要想把它改造成一个神圣的地方显然是很困难的。而且，观众随时都会意识到，只要轻轻按一下遥控器，宗教节目就会马上变成完全不同的世俗节目——曲棍球比赛、广告、卡通片。不仅如此，在大多数宗教节目的前后，我们都可以看到广告、流行节目的宣传以及各种各样其他世俗的形象和话语，所以屏幕本身就传递了娱乐不断的信息。不论是历史还是电视的现实情况，都证明反省或精神超脱是不适合电视屏幕的。电视屏幕希望你记住的是，它的图像是你娱乐的源泉。

电视传教士对此也是心知肚明的，他们知道他们的节目不能代表商业广播之外的另一片天空，而只能充当这个统一体里的一个部分。确实，很多宗教节目都不是按照传统在星期天播出的。有些受人欢迎的传教士非常愿意和世俗节目"齐头并进"，因为他们相信这样可以使他们的节目更具吸引力。钱不是问题，这些宗教节目得到的赞助高达上百万，据估计，电子教堂的总收入每年超过5亿美元。

我提到这些数据是想解释，为什么这些传教士能够支付得起相当于商业节目的高额制作成本。这对他们来说不是问题，大多数的宗教节目里都有水汽冲天的喷泉、色彩绚丽的花朵、训练有素的唱诗班和精心设计的布景，完全是一些著名商业节目的再现。很多时候，他们的节目要到拥有迷人奇异景色的地方进行"外景拍摄"。

此外，宗教节目还有众多俊男靓女的捧场，他们既出现在节目中，也出现在观众里。罗伯特·舒勒特别偏爱名人，尤其是电影明星，而他们也对他表现出无限忠诚。舒勒不仅让名人出现在他的节目中，还让他们出现在他的广告里来吸引观众。我想我可以很公平地说，吸引观众是这些节目的主要目的，就像《达拉斯》这样的电视剧一样。

为了达到这个目的，他们运用了最先进的市场推广手段，比如派发免费小册子、《圣经》和礼物，杰里·福尔韦尔送出的是"耶稣至上"的别针。传教士们对自己如何控制传教内容以提高收视率毫不否认。如果你想从这些电视传教士那里知道富人死后进入天堂会遇到什么困难，那你一定得等上很长时间。全国宗教节目主持人协会的执行主席总结了电视传教士的不成文规则："只有给观众他们想要的东西，你才可以得到市场占有率。"[1]

我相信，你会注意到，这是一个不同寻常的宗教信条。不论是释迦牟尼、摩西、耶稣还是穆罕默德、路德，从来没有哪个伟大的宗教领袖会给人们他们想要的东西，他们给的是人们应该具备的东西。但是，电视只能给予观众他们想要的，电视是"客户友好"型的，要关掉它实在太容易了。只有在呈现动感的视觉形象时，电视才能对观众产生最大的吸引力。它不适合复杂的语言或苛刻的要求。所以，电视上的传教完全不同于圣山上的传道。宗教节目充满了喝彩声，它们庆祝富有，让节目中的演员成为名人。虽然这些节目传递的信息琐碎无聊，但它们仍然会有很

1　阿姆斯特朗，《电子教堂》，纳西威尔：托马斯·尼尔森，1979，第137页。

高的收视率，或许正是因为它们传递的信息琐碎无聊，它们才会拥有很高的收视率。

如果我说基督教是一种苛刻而严肃的宗教，我相信我没有说错。但是，当它被表现得轻松愉快时，就变成了一种完全不同的宗教。

当然，肯定会有人反对"电视使宗教堕落"这种说法，其中一个理由是，宗教和图像从来都是紧密相连的。除了贵格会[1]和其他几个禁欲的教派，很多宗教都努力通过艺术、音乐、神像和令人敬畏的仪式来表现自己的吸引力。宗教的美感是它吸引人们的重要原因。对于天主教和犹太教来说，这一点尤其明显：在镶嵌着美丽彩色玻璃的教堂里，教徒们可以听到萦绕人心的曲调，看到华美的长袍、披肩和神奇的帽子，他们享受圣饼和美酒，聆听古老语言神秘的节奏。这些宗教仪式中的饰物与我们在电视上看到的鲜花、喷泉和布景是不同的，因为前者是宗教本身历史和教义的一个组成部分，教徒对它们应该表现出恰如其分的敬畏。犹太教徒祷告时不会因为戴无檐便帽在电视上好看而戴上它；天主教徒不会为了给圣坛增添光彩而点上蜡烛；犹太教、基督教和长老派的拉比、教士们不会在传教时停下来问电影明星是不是虔诚的教徒。我们在真正的宗教中看到的图像是以施展魔力

1　贵格会（Quaker）："公谊会"的别称。"贵格"是 Quaker 的音译，意为"颤抖者"。——译者注

为目的的，而不是为了娱乐。这当中的区别具有决定性的意义，通过赋予事物魔力，我们可以获得神性，而通过娱乐，我们走得离神越来越远。

电视上的大多数宗教节目都是"宗教极端主义"的倡导者，它们明确鄙视仪式和神学，它们推崇的是同《圣经》也就是上帝的直接交流。我不想让自己陷入我不擅长的神学争论中，但我还是可以公正地说，在电视上，上帝是一个身份不明的次要角色。虽然他的圣名被一再提起，但传教士有血有肉的形象带给我们一个明白无误的信息：值得我们崇拜的是眼前的他，而不是那个看不见的他。我不是说传教士存心想这样做，而是说电视上彩色的特写镜头威力太大。毕竟，电视上的形象比金牛犊[1]的魅力要大得多。我怀疑（虽然我没有确凿的证据），天主教反对富尔顿·希恩主教上电视（几年以前）就是因为怕观众们错把对上帝的崇拜献给了希恩主教，他具有穿透力的目光、令人敬畏的斗篷和神圣庄严的语调，实在是像极了上帝。

电视最大的长处是它让具体的形象进入我们的心里，而不是让抽象的概念留在我们脑海中。正因为这样，哥伦比亚广播公司把一档关于宇宙的节目命名为"沃尔特·克朗凯特[2]的宇宙"。

1　金牛犊：古代以色列人崇拜的偶像。——译者注

2　沃尔特·克朗凯特（Walter Cronkite, 1916—2009），美国哥伦比亚广播公司一电视台特派记者。1962—1981 年任哥伦比亚广播公司《沃尔特·克朗凯特晚间新闻》总编辑。——译者注

如果你认为宇宙不需要沃尔特·克朗凯特为它增添光彩，那你就错了。哥伦比亚广播公司知道沃尔特·克朗凯特在电视上比在银河系更有魅力。而吉米·斯瓦加特则比上帝更有魅力，因为上帝只存在于我们心里，而斯瓦加特一直在那里，你可以看得见他，可以敬仰他、膜拜他。正因为这样，所以他能成为电视明星，比利·格雷厄姆能成为名人，奥拉尔·罗伯茨可以拥有自己的大学，罗伯特·舒勒可以拥有水晶教堂。如果我没有弄错，有一个词可以用来形容这一切，那就是"亵渎神灵"。

但归根到底，不管人们对电视宗教有多少批评，有一个事实是不容置疑的，那就是，电视吸引了成千上万的观众。这就验证了我前面引用过的比利·格雷厄姆和帕特·罗伯逊的话：广大民众需要它。汉娜·阿伦特[1]对这句话做了我所知道的最好回答。她在反思了大众文化的产物后，写了这样一段话：

> 这种在世界上独一无二的状况可以被称为"大众文化"，它的倡导者既不是大众也不是艺人，而是那些试图用曾经是文化中真实可信的东西来娱乐大众的人，或是那些试图证明《哈姆雷特》和《窈窕淑女》一样有趣，一样具有教育意义的人。大众教育的危险在于它

---

1 汉娜·阿伦特（Hannah Arendt，1906—1975），犹太裔美国政治学家和哲学家。著有《极权主义的起源》等书。——译者注

可能真的变成一种娱乐。有很多过去的伟大作家经过了几个世纪的销声匿迹，如今又重新回到了人们的视野，但我们不知道，他们作品的娱乐版还能否留在人们心里。[1]

如果我们用"宗教"代替上文中的《哈姆雷特》，用"伟大的宗教传统"代替"过去的伟大作家"，那么这段引文就可以成为对于电视宗教的精辟评论。毫无疑问，宗教可以被改造成具有娱乐性的东西，问题是，通过这样的改造，我们是不是把这种"文化中真实可信的东西"毁灭了呢？宗教在运用了电视资源后日渐攀升的受欢迎程度，会不会让更多的传统宗教理念变成疯狂而琐屑的表演？我前面提到，奥康纳红衣主教为了得到观众欢心进行了令人尴尬的努力，某教区的神甫则尝试把摇滚音乐和传教结合起来。我还知道有一个犹太教的拉比非常郑重地向教会提议，邀请帕瓦罗蒂在赎罪日演唱悔罪祈祷曲，他相信这样一定会让教堂空前爆满。谁会怀疑这一点呢？但正如汉娜·阿伦特说的，这是一个问题，而不是解决问题的方法。作为附属于全国基督教教堂委员会的神学、教育和电子媒介协会成员，我完全能够理解"官方"新教教派对把新教改造成一种适合电视播出的宗

1　阿伦特，《人类对话中的社会和文化》，弗罗伊·梅森和阿希利·门塔古编辑：自由出版社，1967，第352页。

教所表现出来的担忧。在我们的委员会里，大家达成了一种共识：真正的危险不在于宗教已经成为电视节目的内容，而在于电视节目可能会成为宗教的内容。

第 9 章

伸出你的手投上一票

在埃德温·奥康纳关于波士顿党派政治的小说《最后的喝彩》中，弗兰克·斯凯芬顿希望通过政治机器的现实教导他年幼的侄子。他说，政治是美国拥有最多观众的体育比赛。1966年，罗纳德·里根用了一个不同的比喻，他说："政治就像娱乐业一样。"[1]

虽然体育比赛已经成为娱乐业的一个分支，但它内在的一些本质还是让斯凯芬顿对政治的理解比里根的比喻更令人欣慰。不论在哪种体育比赛中，选手和观众对优秀的标准是有共识的，运动员的声誉随着距离这个标准的远近而起伏。运动员优秀与否是无法轻易伪装的，这意味着戴维·加思以 0.218 的击球率很难提

1　德鲁，《大选记：1980 年总统竞选》，纽约：西蒙与舒斯特，1981，第263 页。

升他作为外场手的形象，这也意味着用"谁是世界上最棒的女子网球运动员"作为一个民意测验的问题，是毫无意义的。民众的意见和这个问题毫无关系，马丁娜·纳夫拉蒂诺娃的发球才是最好的答案。

我们也许还注意到，比赛现场的观众通常都熟知比赛的规则以及每个动作的意义。在满垒的情况下三击不中而出局的击球手，不可能让观众相信他为他的球队做了一件有用的事。即使像霍华德·科塞尔那样夸夸其谈、滥用词语的人，也不会混淆击球中和不中、得分和失分、发球得分和发球失误之间的区别。如果政治真的像体育比赛，那么它至少有这样几个优点：一目了然、公正诚实、超越平凡。

如果罗纳德·里根的比喻是正确的，那么政治又会具备哪些优点呢？娱乐业并不是不想超越平凡，但它的主要目的是取悦观众，它的主要策略是运用技巧。如果政治真的像娱乐业，那么它的目的就不是追求一目了然、公正诚实和超越平凡，而是要做到看上去像这样。这就完全是另一码事了。这另一码事可以用一个词来形容："广告"。在乔·麦金尼斯关于 1968 年尼克松竞选的著作《出卖总统》中，他对政治和广告做了很多评论。但他还没有穷尽政治和广告的关系，虽然出卖总统是一种令人震惊的卑劣行为，但这还只是大背景下的一个部分：在美国，电视广告已经成为政治话语最本质的象征。

电视广告是人们使用电以后产生的最奇特、最无所不在的一种交流方式。一个 40 岁的美国人在他/她的生活中已经观看了超过 100 万条的电视广告，在他/她收到第一张退休金支票前，还会看另外 1 万条广告。所以，我们可以肯定地推断，电视广告已经深刻地影响了美国人的思维习惯。当然，我们不难证明它也已经成为各种公众话语结构的模式，但我这里的目的是要证明它是怎样毁灭政治话语的。为了更好地做到这一点，也许我们应该首先讨论一下它对商业本身产生的作用。

通过以最凝练的方式集中展示娱乐业的各种形式——音乐、戏剧、图像、幽默和名人——电视广告对资本主义意识形态进行了自《资本论》发表以来最猛烈的攻击。为了理解其中的缘由，我们应该记住，资本主义与科学和自由民主一样，是启蒙运动的产物。资本主义的理论家们都相信，买卖双方应该具有相当的成熟程度，了解足够的信息，然后理智地进行双方互惠的交易，这些是资本主义的基础。如果贪欲是资本主义机车的燃料，那么理性就应该是机车的司机。根据这个理论，市场中的竞争要求买者不仅要知道什么产品对他来说是好的，而且要知道什么是好的产品。如果卖方生产了没有价值的东西，那么根据市场的规律，他就应该败出。他们认为，买方的理性激励竞争者成为赢家，并且敦促赢家不断进步。在买方无法做出理性决定的情况下，法律就应该介入使交易无效，例如通过制定法律来禁止孩子签订合同。美国甚至有一项法律要求卖方如实介绍他们的产品，因为如果买方不能得到有关产品的真实信息，他们做出理智决定的能力也要大大受到损害。

当然，资本主义本身的操作也有自相矛盾的地方。例如，卡特尔和垄断削弱了资本主义的理论，电视广告则把它弄得一团糟。举一个最简单的例子：任何要求，不论是商业的还是其他的，如果要引起别人的注意，就一定要用语言表达出来；更精确地说，是要用陈述的方式表达出来，因为这个话语世界正是我们判断对错的依据。如果我们丢弃了这个话语世界，那么实践检验、逻辑分析或任何其他理性的工具都将失去意义。

从 19 世纪末开始，商业广告背离了语言陈述。到 20 世纪 50 年代，语言形式几乎从商业广告中消失了。通过用图像代替语言，图像广告使感染力成为消费者选择商品的依据，而不再是实践的检验。理性和广告早已背道而驰，我们几乎已经忘记它们之间曾经还存在着某种联系。今天，电视广告上的陈述性论题和相貌平平的人一样稀少。广告商说的话是真是假并不重要，例如，麦当劳的广告里没有可验证的符合逻辑的观点，里面有的是俊男靓女买卖汉堡、享用汉堡的表演，以及他们因为自己的好运而表现出来的狂喜。没有人表达任何意见，只有观众自己从广告的表演中找到某种感觉。你可以喜欢也可以讨厌电视广告，但你无法反驳它。

也许我们可以这样说：电视广告的对象不是产品的品质，而是那些产品消费者的品质。电影明星、著名运动员、宁静的湖水、悠闲的垂钓、幽雅的晚餐、浪漫的插曲、快乐的家庭准备行装去乡间野餐——所有这些都丝毫没有提及要出售的产品，但是未来消费者的恐惧和梦想都尽在其中了。广告商需要知道的不是产品有什么好处，而是购买者有什么问题。于是，企业开支的重心从产品开发转向了**市场调查**。电视广告把企业从生产有价值的产品引向了设法使消费者感觉产品有价值，这意味着企业的业务已经成为一种伪疗法，消费者成了信赖心理表演疗法[1]的病人。

所有这一切对于亚当·斯密来说是一个意外，就像政治的转变让可敬的乔治·奥威尔感到吃惊一样。确实，正如乔治·斯坦纳所说的，奥威尔发明"新话"的灵感有一部分是来自"商业广告的措辞"。但当奥威尔在他著名的散文《英语语言的政治》中说政治已经成为一个"为站不住脚的观点辩护"的形式时，他想要说的是，虽然政治是腐败的，但它仍将继续以一种鲜明的话语模式存在着。他鄙视的对象是那些惯用宣传和欺骗的政客，他没有想到，"为站不住脚的观点辩护"可以成为一种娱乐方式。他害怕的是作为欺骗者的政客，而不是作为娱乐者的政客。

电视广告是塑造现代政治观点表达方式的重要工具，这主要体现在两个方面。第一，政治竞选逐渐采用了电视广告的形式，关于这一点，我觉得没有必要说得太多。每个人都不同程度地注意到了这一点，并且表示了担忧。前任纽约市市长约翰·林赛就

1　表演疗法：一种通过演剧治疗精神病的方法，实施时由患者担任有关本人病例的角色，在其他病人及医生的帮助下做即兴表演，以收到调养心理的疗效。——译者注

提出要禁止政治"广告"。甚至电视评论员也希望我们对此予以关注，例如，比尔·莫耶斯在纪录片《30 秒钟的总统》中提到了这个问题。我自己对于电视广告的认识来自我几年前的一次亲身经历，那时我在纽约参与了拉姆齐·克拉克对雅各布·贾维茨的参议员竞选。克拉克十分迷信传统的政治话语模式，他精心准备了一份意见书，对从种族关系到核武力到中东局势等一系列问题发表了明确的观点。他的意见书里充满了历史背景、经济和政治资料，具有非常开阔的社会学视角。但是，他也许还应该画一些漫画。事实上，我们可以说雅各布·贾维茨确实利用了漫画。我们不知道贾维茨是否也精心准备了自己的观点，但我们知道他的竞选利用了一系列的 30 秒钟电视广告。在这些广告里，他运用了类似麦当劳广告的视觉手段把自己表现成一个经验丰富、正直虔诚的人。据我所知，贾维茨和拉姆齐·克拉克一样相信理性的重要，但他更加相信参议员位置的重要性。他清楚地认识到我们处在一个怎样的时代。他明白，在一个电视和其他视觉媒介占据重要地位的世界里，"政治知识"意味着图像，而不是文字。最后的结果也证明了他是有远见的，他以纽约州历史上最多的选票赢得了席位。在美国，任何慎重的竞选者都应该聘请形象设计师为他设计一个能够深入人心的形象，对于这一点，我不想老生常谈了。我想回到"形象政治"的含义这个话题上来，但是在此之前，我觉得有必要讨论一下电视广告塑造政治话语的第二种方法。

因为电视广告是我们这个社会中最多产的一种公众交流手段，美国人不可避免地要接受电视广告的哲学。所谓"接受"，是指我们已经把电视广告当作一种普通而合理的话语方式；所谓"哲学"，是指电视广告关于交流的性质已经形成了与其他媒介（尤其是印刷文字）相左的独特观点。电视广告坚持采用最简短的方式，甚至可以说是转瞬即逝的方式。60 秒的广告已属冗长，30 秒的广告略显烦琐，15—20 秒的广告才算正好。如果就像我前面所说的，电视广告是为了满足观众的心理需要，那么这样的广告结构真是惊人的草率了。它不仅可以被称为"疗法"，而且是"瞬间疗法"。这种广告提出了一个独特的心理学原理：所有的问题都是可以解决的，所有的问题都是可以快速解决的，它们的快速解决要借助工艺、技巧和化学。这个理论在任何人看来都肯定是荒谬的，但电视广告蔑视详尽的解释，因为这样既花时间又会招来不同意见。如果观众看广告时还要费心猜测其中的信息是否可信，这样的广告就不能算是好广告。所以，大多数广告都运用了"伪寓言"的文学形式来传递信息，"丢失的旅行支票"和"远方儿子的电话"这类伪寓言不仅能够产生不可抗拒的情感力量，而且还和《圣经》里的寓言一样具有明确的说教性。说电视广告的主题是产品就像说乔纳的故事主题是解剖鲸鱼一样，完全不相干。说得深入一点儿，电视广告的主题是教我们应该怎样生活。而且，电视广告具有栩栩如生的图像，通过这些图像，我们可以轻松地学会广告想要教给我们的东西。广告想要教给我们的东西很多，比如短小简单的信息优于冗长复杂的信息，表演优于说理，得到解决方法优于面对问题。这些观点自然要影响我们看待政治话语的态度，也就是说，我们会把电视广告中传递或强化的一些涉及政治的观点视为常理。例如，一个已经看过百万条广告的观众可能会认为，所有的政治问题都可以或应该通过简单的方式得到快速的解决；复杂的语言无法让人信任，戏剧的表达方式适用于所有问题；争论让人反胃，而且只能让人心生疑惑。这样的观众也许还认为，没有必要在政治和其他社会生活形式之间划定一条界线。电视广告可以用运动员、演员、音乐家、小说家、科学家或伯爵夫人为他们根本不了解的产品代言，电视广告也让政治家们得以摆脱自己有限的一点儿专业知识。政治人物可以随时随地地做任何事而不会让人觉得行为古怪、狂妄自大或不合时宜。他们已经作为公众名人深深地融入了电视文化之中。

名人和出名是完全不同的。哈里·杜鲁门广为人知，但他不是名人。不管人们何时看见他或听见他，他都在大谈政治。我们很难想象杜鲁门或他的夫人会作为嘉宾出现在《戈德堡一家》或《慈母泪》这样的电视节目中。那时的政治和政治家与电视节目无关，人们观看电视节目是为了娱乐，而不是为了了解政治候选人和他们的观点。

我们很难说政治家们是从什么时候起把自己作为娱乐素材推出的。20 世纪 50 年代，埃弗里特·德克森参议员作为嘉宾出现在《我的台词是什么?》中。竞选总统时,约翰·肯尼迪特别开恩,让埃德·默罗的《面对面》摄制组到他的私宅拍摄。理查德·尼克松在《大家笑》中出现了几秒钟,这个 1 小时长的喜剧节目完全以电视广告为蓝本。到了 70 年代,大众开始接受政治人物成为娱乐世界的一分子。到 80 年代,政治人物大规模涌向电视。副总统候选人威廉·米勒为美国运通信用卡做了一个广告;"水门事件"听证会的明星萨姆·欧文也成为广告代言人;前任总统杰拉尔德·福特和前任国务卿亨利·基辛格一起参加了《豪门恩怨》的谈话节目;马萨诸塞州州长迈克·杜卡基斯出席过《你在何方》;众议院议长蒂普·奥尼尔出席过《喝彩》;拉尔夫·纳德、乔治·麦戈文和爱德华·科克市长主持过《星期六晚上直播》,科克还在詹姆斯·卡格尼主演的电视版电影中扮演过一个角色;里根的夫人也曾出现在这类电视节目中。如果加利·哈特参议员出现在《希尔街的布鲁斯》里,会有人感到吃惊吗?

虽然我们还不能说政治家成为名人已经使政党不再重要,但我们可以清楚地看到不同政治家的仕途此起彼伏之间的联系。有些读者可能还记得过去,那时的选民对竞选者几乎一无所知,对于他们的性格和私人生活也没有概念。在我年轻时的某个 11 月,我对是否选举一个民主党人的市长候选人感到犹豫不决,因为我觉得他既愚蠢又腐败。"这有什么关系?"我的父亲对我说,"所有的民主党候选人都是既愚蠢又腐败的,但是你想让共和党赢吗?"他的意思是,一个明智的选民应该选择能够代表他的经济利益和社会视角的党派,选举"最佳人选"在他看来纯属幼稚之谈。他从不怀疑共和党里有相当出色的人物,但他知道他们不会为他这个阶级讲话。他非常欣赏纽约坦慕尼协会[1]鼎盛时期的领导人蒂姆·沙利文的态度。据特伦斯·莫兰在他的散文《1984年的政治:这就是娱乐》中写道,有一次沙利文所在选区有6382张票投给了民主党,有两票投给了共和党,对这个结果,他很不高兴。在评价这个令人失望的结果时,他说:"凯利来找我,说他妻子的表兄支持共和党派。为了家庭和睦,我同意他把票投给了共和党。但是我想知道,还有一票是谁投的?"[2]

我不想在这里讨论沙利文这些话里表现出来的智慧。也许确实有人会不顾党派差异把票投给他心目中的最佳人选(虽然我还不知道有这样的情况)。我想说的是,电视无法告诉我们谁是最佳人选。事实上,如果我们认为所谓"最佳"就是要擅长谈判、精通管理、熟知全球事务、洞察各种经济制度的相互关系,那么电视根本无法让我们判断谁比谁强,因为谁强谁弱主要还是取决于"形象"。但这并不是因为政治家们要醉心于表现自己的最佳形象,谁不想让自己的形象好一点儿呢?如果谁不想让自己的形象讨人喜欢,那他一定有问题。但是电视损坏了"形象"的

1　坦慕尼协会(Tammany Hall):成立于1789年的纽约市一个民主党实力派组织。——译者注

2　莫兰,《1984年的政治:这就是娱乐》,夏季刊,1984,第122页。

名声，因为在电视上，政治家们给观众的不是他们自己的形象，而是观众想要的形象。这正是电视广告对政治话语最大的影响。

为了理解形象政治怎样在电视上发挥作用，我们可以用一个著名的广告作为切入点，本章题目的前一部分就是取自这个广告。我指的是史蒂夫·霍恩导演的贝尔电话的广告，这个广告鼓励我们"伸出你的手去安抚某个人"。这个"某个人"通常是指一个住在丹佛或洛杉矶或亚特兰大的亲戚，离我们住的地方很远，但每年我们都能在感恩节见到他。而在过去，这个"某个人"在我们每天的生活中都非常重要，也就是说，他是我们家庭中的一员。虽然美国文化强烈反对"家庭"这个概念，但还是常有人警告，如果我们放弃了家庭，我们生活中至关重要的东西就会丧失了。让我们来看一看霍恩先生的广告，这个30秒的广告重新给亲密关系进行了定义，电话线代替了老式的聚会。这个广告甚至为被汽车、飞机和其他扼杀家庭的工具弄得四分五裂的家庭提出了一种关于家庭凝聚力的新观念。在分析了这个广告后，杰伊·罗森说了以下这番话："霍恩先生并不想表达什么东西，他没有信息需要传递。他的目的不是要让大家了解贝尔电话，而是要让大家从美国生活四处可见的破裂关系中意识到电话的重要性……霍恩没有表达他自己的想法，你也没有表达你自己的想法，霍恩表达的是你的想法。"[1]

1　罗森，《广告的慢性自杀效应》，夏季刊，1984，第162页。

这就是所有成功电视广告的经验：它们给我们一个口号、一个象征或一个为观众创造出引人注目的形象的焦点。不管是党派政治还是电视政治，它们的目标都是共同的。我们无法知道谁最胜任总统或州长或参议员，但我们知道谁的形象最能排解和抚慰我们心中的不满。我们看着电视屏幕，像《白雪公主和七个小矮人》中邪恶的皇后一样问道："镜子，墙上的镜子，告诉我，谁是世上最美的人？"我们常常把票投给那些性格、家庭生活和风格在电视屏幕上表现出色的人。古希腊哲学家在 2500 年以前就说过，人常常以自己的形象塑造上帝。现在，电视政治又添了新招：那些想当上帝的人把自己塑造成观众期望的形象。

所以，形象政治一方面保留了为个人利益投票的传统，一方面又改变了"个人利益"的含义。蒂姆·沙利文和我的父亲把票投给了能代表他们利益的政党，而"利益"对他们来说意味着实实在在的东西——赞助、优惠政策，保护他们不受官僚的伤害，支持他们的工会或社团，勤奋工作的家庭感恩节能享受火鸡的美味。按照这样的标准，黑人是美国唯一心智健全的选民，其他的大多数人都为了自己的利益投票，但这些利益都是象征性的，也就是说，只能起到心理安慰的作用。和电视广告一样，形象政治也是一种疗法，这就是为什么魅力、容貌、名气和个人隐私会如此充斥其中的道理。如果我们冷静地想一想，我们就会记得，林肯的照片没有一张是微笑的，他的妻子很可能是个精神病患者，他本人很长时间也是郁郁寡欢的。对于形象政治来说，他显然是不合适的。现在的我们当然不希望我们的镜子里出现如此阴郁而缺少乐趣的形象。我想说的是，就像电视广告为了起到心理疗法的作用而必须舍弃真实可信的产品信息一样，形象政治为了同样的目的也必须舍弃真实可信的政治内容。

由此我们可以推断，历史在形象政治中发挥不了重要作用，因为历史只有对于那些相信过去能够滋养现在的人才有价值。托马斯·卡莱尔[1]说过："过去是一个世界，而不是一片灰色的混沌。"他写这句话的时候，书还是严肃公众话语的主要媒介。一本书就是历史，它的一切都把我们带回到过去的时间里——从它的写作过程到它线形的陈述，再到通篇运用自如的过去时态。古往今来，没有其他任何一种媒介能像书一样让我们感受到过去是如此有用。在关于书的一次谈话中，卡莱尔说，历史不仅是一个世界，而且是一个鲜活的世界，虚幻的反而是现在。

但是，电视是一种具有光年速度的媒介，是以现时为中心的。它的语法里没有表达过去的时态。图像中的一切都是"现在"发生的事情，正因为这样，所以电视节目中要特别用语言指出，我们现在看到的录像是几个月前录制的。而且，和它的前辈——电报一样，电视只需要播放这些零星的信息，而不是收集和组织它们。卡莱尔也没有想到自己会有那么好的预见性：从电

1　托马斯·卡莱尔（Thomas Carlyle, 1795—1881），苏格兰散文作家和历史学家，著有《法国革命》等书。——译者注

视媒介的角度来看，代表历史的正是作为电视屏幕背景的那一片"灰色的混沌"。在娱乐业和形象政治的时代里，政治话语不仅舍弃了思想，而且还舍弃了历史。

切斯瓦夫·米洛什是 1980 年诺贝尔文学奖的获得者。他在斯德哥尔摩的颁奖仪式上发言时说，我们这个时代的特征是"拒绝记忆"，其中一个例子就是上百本已经出版的书否认"二战"期间纳粹对犹太人进行过大屠杀，这样的事实真是让人触目惊心。我觉得历史学家卡尔·肖斯科的观点非常切中要害，他说，现代人对于历史已经变得漠不关心，因为历史对他们来说没有实用价值。换句话说，导致历史消失的是人们事不关己的态度，而不是他们的固执和无知。电视业的业内人士比尔·莫耶斯的话更是一语道破天机，他说："我担心我的这个行业……推波助澜地会使这个时代成为充满遗忘症患者的焦虑时代……我们美国人似乎知道过去 24 小时里发生的任何事情，而对过去 60 个世纪或 60 年里发生的事情却知之甚少。"[1] 特伦斯·莫兰认为，在一个本身结构就是偏向图像和片断的媒介里，我们注定要丧失历史的视角。他说，没有了连续性和语境，"零星破碎的信息无法汇集成一个连贯而充满智慧的整体"。[2] 我们不是拒绝记忆，我们也没有认为历史不值得记忆，问题的症结在于我们已经被改造

1　引自 1984 年 3 月 27 日在纽约市犹太博物馆举行的全国犹太广播档案会议上的讲话。

2　莫兰，《1984 年的政治：这就是娱乐》，夏季刊，1984，第 125 页。

得不会记忆了。如果记忆不仅仅是怀旧，那么语境就应该成为记忆的基本条件——理论、洞察力、比喻——某种可以组织和明辨事实的东西。但是，图像和瞬间即逝的新闻无法提供给我们语境。镜子只能照出你今天穿什么衣服，它无法告诉我们昨天的情况。因为有了电视，我们便纵身跃入了一个与过去毫无关联的现时世界。亨利·福特说："历史是一派胡言。"亨利·福特能这么说，他对印刷术的态度应该算是乐观的。对他的这番高论，电源插头的回答是："历史根本不存在。"

如果上述这些观点还有几分道理，那么奥威尔的预测又错了，至少对于西方民主国家来说是这样。他预见到历史将消失，但他认为这是政府所为，是类似于"真理部"[1] 这样的机构系统地毁灭对政府不利的史实和记录。当然，这正是苏联的做法。但是，赫胥黎的预测更接近事实：历史的消失根本不需要如此残酷的手段，表面温和的现代技术通过为民众提供一种政治形象、瞬间快乐和安慰疗法，能够同样有效地让历史销声匿迹，也许还更恒久，并且不会遭到任何反对。

我们应该借助赫胥黎而不是奥威尔来理解电视和其他图像形式对于民主国家的基础所造成的威胁，更明确地说，是对信息自由所造成的威胁。奥威尔认为政府会通过赤裸裸的压制来控制信息的流动，特别是通过禁书的方式，他的猜测是非常合理的。他

1　真理部：奥威尔所著《一九八四》中的一个政府部门。——译者注

的这个预言同历史完全吻合，因为只要书籍成为信息交流的重要工具，那么不管是在什么地方，它都会不同程度地受到干涉和查禁。在古代中国，秦始皇下令销毁孔子的《论语》。而奥维德被奥古斯都驱逐出罗马，其中一个原因就是因为他写了《爱的艺术》。即使是在崇尚优秀文化的雅典，人们在阅读某些书籍时也难免胆战心惊。在《论出版自由》一书中，弥尔顿[1]回顾了很多古希腊书籍遭禁的例子，其中包括普罗泰戈拉[2]，他因为在一次演讲的开头坦言他不知道世上是否有神而受到著作被焚的惩罚。弥尔顿很细心地注意到，在他那个时代之前的所有案例中，只有两种书"会引起执法官的注意"：一种是亵渎神灵的书，另一种是诽谤他人的书。弥尔顿特别强调了这一点，因为他在古登堡[3]两百年之后写这本书时清楚地知道，他那个时代的执法官，如果可能，会查禁一切题材的书籍。换句话说，弥尔顿知道查禁制度在印刷业里找到了用武之地。事实上，在印刷时代成熟之前，信息和思想并没有成为一个严重的文化问题。如果说一个字写下来会产生某种危险性，那么印刷出来的字就会有百倍的危险。有人

1　弥尔顿（John Milton，1608—1674），英国伟大诗人，其在英国的文学地位仅次于莎士比亚，以长诗《失乐园》闻名于世。——译者注

2　普罗泰戈拉（Protagoras，前481—约前411），古希腊哲学家。提出相对主义的主要命题"人是一切事物的尺度"，因被控以不信神之罪，著作被焚。——译者注

3　古登堡（Johnnes Gutenburg，约1397—1468），德国工匠和发明家，首先应用合金活字印刷术。——译者注

很早以前就意识到了印刷术会带来危险，例如亨利八世，他的星室法庭 [1] 就被授权查禁书籍。伊丽莎白一世、斯图亚特王朝和很多其他古登堡之后的君主都认识到了这一点。这些人中包括教皇保罗四世，他在位期间，制订了第一个教廷禁书目录。戴维·里斯曼说过，在印刷术的世界里，信息是思想的火药，所以审查者们才需要穿着肃穆的长袍来熄灭点燃的炸药。

奥威尔的两项预见——（1）政府控制和（2）印刷材料对西方民主国家形成严重威胁——现在看来都错了。奥威尔实际上探讨的是一个存在于印刷时代的问题，这也是美国宪法起草者们探讨过的问题。在美国宪法制定之初，大多数自由人都是通过传单、报纸或口头语言接触社会。他们以自己能够完全控制的方式，在熟悉的语境中交流着彼此的政治观点，所以，他们最大的担忧是可能存在的政府专制。《权利法案》规定政府不得限制信息和民众意见的流动。但是建国者们没有预见到政府的专制可能被另外一种问题所取代，也就是说，公司国家 [2] 通过电视控制了美国公众话语的流动。我对此毫无异议（至少是在这里），我也不想对公司国家有什么怨言。我只是想表达自己的忧虑，就像安嫩伯格交流学院的院长乔治·格布纳写下列这段话一样：

　　1　星室法庭：英国法庭，以专断暴虐著称，1641 年被废除。——译者注
　　2　公司国家（corrorate state）：源出 1970 年美国查尔斯·A·赖克（Charles A. Reich）所作的《绿化美国》，认为国家是一台巨大的机器，完全不受人的控制并置人的价值观于不顾。——译者注

电视是私营文化部（三大广播公司）经营的一种新的国家宗教，它们为所有民众开设统一的课程，它们靠的是隐蔽的税收。电视机开着你就要付钱，不管你是在看书，还是在看电视，也不管你想不想看……1

在同一篇文章中，格布纳写道：

自由不是靠关掉电视实现的。电视对于大多数人来说，是生活中最有吸引力的东西。我们生活在一个绝大多数人不会关掉电视的世界里。如果我们不直接从电视得到某种信息，也会通过其他人得到它。

我不认为格布纳教授这里想要说的是，那些运作"文化部"的人蓄意要控制我们的符号世界。我甚至怀疑，他也会认为，即使是安嫩伯格交流学院接管三大广播公司，观众们也不会发现这其中的差别。我相信他要说的是——我确实相信——在电视时代里，我们的信息环境和1783年的信息环境完全不同；我们要担心的是电视信息的过剩，而不是政府的限制；在公司国家美国传播的信息面前，我们根本无力保护自己，所以这场为自由而战的

<hr />

1　引自1982年4月26日纽约举办的第24届媒体生态学会议上的讲话。要了解格布纳院长的全部观点，参见《电视：新的国家宗教》，第145—150页。

战斗要在和以往完全不同的阵地上进行。

我斗胆提出这样一个观点：有些书被禁止进入学校图书馆或用于教学，传统的自由论者对此表示了强烈的反对，现在看来，他们的反对是无关紧要的。当然，这样的禁书行为让人反感，确实应该遭到反对。但这确实是太微不足道了，甚至可以说是掩人耳目，因为它干扰了自由论者们的注意力，使他们无暇面对那些和新技术有关的问题。简单地说，学生的阅读自由并没有因为长岛或阿纳海姆或任何其他地方的书被禁而受到损害，而是像格布纳所说的，电视在损害了学生的阅读自由之后，却仍然摆出一副无辜的样子。电视不是禁止书籍，而是要取代书籍。

同禁书制度的斗争主要是在 19 世纪，但真正取得胜利却是在 20 世纪。我们现在面对的问题是由电视的经济和象征结构造成的。那些经营电视的人从来没有限制我们获得信息，而是不断扩大我们获得信息的途径。我们的文化部是赫胥黎式的，而不是奥威尔式的，它想尽一切办法让我们不断地看电视，但是我们看到的是使信息简单化的一种媒介，它使信息变得没有内容、没有历史、没有语境，也就是说，信息被包装成为娱乐。在美国，我们从来没有缺少过娱乐自己的机会。

各种各样的专制者们都深谙通过提供给民众娱乐来安抚民心的重要性，但是他们中的大多数人并不认为民众会忽视那些不能带给他们娱乐的东西，所以他们还是常常要依靠审查制度，而且现在还在这样做。专制者们认为民众清楚地知道严肃话语和娱乐之间的差别，并且会在意这种差别，因而审查制度就是他们对付某些严肃话语的方法。现在的情况却大不相同了，所有的政治话语都采用了娱乐的形式，审查制度已经失去了存在的必要性，那些过去的国王、沙皇和元首如果知道了这一点，会感到多么高兴啊。

第 *10* 章

教学是一种娱乐活动

让《芝麻街》在 1969 年面世真是一个明智之举，策划者们深信这个节目将受到孩子、父母及教育者的喜爱。孩子们喜欢这个节目，因为他们是在电视广告中长大的，他们知道广告是电视上最精心制作的娱乐节目。对于那些还没有上学或者刚刚开始上学的孩子来说，通过一系列广告进行学习的念头并不奇怪。他们认为电视理所应当起到娱乐的作用。

父母们喜欢《芝麻街》有几个原因，其中一个原因是这个节目减少了他们因为不能或不愿限制孩子看电视而产生的负罪感。《芝麻街》的出现让四五岁的孩子可以名正言顺地在电视机前入迷地坐上很长时间。父母们热切地希望电视除了告诉孩子哪种早餐麦片最好外，还能够多教他们一些东西。同时，《芝麻街》还减轻了他们教学龄前儿童阅读的责任——这在一个把孩子视为累赘的文化中可不算是件小事。父母们清楚地认识到，尽管《芝麻街》有这样那样的缺点，但它和流行在美国社会的那种精神是完全相通的。在《芝麻街》里，可爱的木偶、耀眼的明星、朗朗上口的曲调和快速的编辑，无疑都能带给孩子们很多乐趣，并为他们将来融入一个热爱娱乐的文化做好充分的准备。

在教育者这方面，他们也普遍对《芝麻街》持赞同态度。和普通人不同的是，他们往往喜欢尝试新的方法，特别是如果有人告诉他们教育可以通过运用新的技术更有效地完成的话。（这就是为什么"不受教师影响的"课本、标准测试和电脑在课堂上大受欢迎的原因。）《芝麻街》在帮助解决怎样教美国人阅读这个问题上显然很有想象力，同时它还起到了鼓励孩子热爱学校的作用。

我们现在知道，只有当学校像"芝麻街"的时候，《芝麻街》才能起到鼓励孩子热爱学校的作用，也就是说，《芝麻街》改变了传统的学校概念。教室是一个社交场所，而电视机前的那点儿空间却是私人领地；在教室里，老师可以解答你提出的问题，而电视机屏幕无法回答任何问题；学校注重语言的发展，而电视提供的只有图像；上学是一种法律规定的行为，而看电视是一种自由选择；在学校里不听老师讲课可能受到惩罚，而不看电视却不会受到任何惩罚；在学校里，你必须遵守各种行为规范，而看电视的时候，你不必顾忌任何规章制度或行为规范；在教室里，娱乐不过是达到目的的一种手段，而在电视上，娱乐本身就是一种目的。

传统的教室在电视机前的一片笑声中黯然退出了我们的生活，这并不能怪《芝麻街》以及后来随之出现的《电力公司》。如果现在的教室开始成为一个枯燥而无趣的学习场所，那么要怪就怪电视机的发明者，而不是儿童电视工作室。我们不能奢望那些想制作好节目的人时时刻刻挂念着教室的功能，他们挂念的只能是电视的功能。这并不意味着《芝麻街》没有教育性，事实上，它绝对具有教育性——每一个电视节目都有教育性。就像阅读能培养人们对于学习的某种倾向一样（不管是怎样的书），看电视也能起到同样的作用。《荒原上的小屋》《喝彩》和《今夜秀》在促进所谓"电视式学习"方面和《芝麻街》一样有效。这种学习，从本质上来说，同书本学习或学校学习是水火不容的。如果我们确实要怪罪《芝麻街》，我们也只能怪它不该装扮成教室的同类物，说到底这是它大胆利用基金和民众钞票的主要理由。作为一个电视节目，作为一个好的电视节目，《芝麻街》没有鼓励孩子热爱学校或任何和学校有关的内容，它鼓励孩子热爱的是电视。

这里有必要补充一点，《芝麻街》能否教给孩子们字母和数字完全不重要。约翰·杜威[1]曾经说过，课程的内容是学习过程中最不重要的东西。我们这里也许可以借用他的观点作为指导。

1　约翰·杜威（John Dewey，1859—1952），美国哲学家、心理学家和教育家。——译者注

他在《经验与教育》中写道："也许人们对于教育最大的错误认识是，一个人学会的只有他当时正在学习的东西。其实，伴随学习的过程形成持久的态度……也许比拼写课或地理历史课更为重要……因为这些态度才是在未来发挥重要作用的东西。"[1] 换句话说，一个人学到的最重要的东西是学习的方法。正如杜威在另一本书里写到的，我们学习我们要做的事情。而电视教育的方法是让孩子们去做电视要求他们做的事情，当然这和教室对他们提出的要求相去甚远，就像读书和看演出风马牛不相及一样。

虽然我们无法从各种各样的建议中找出改善教育制度的方法，但大家都清楚地认识到读书和看电视对于学习的定义是完全不同的，这已经成为当今美国关于教育的重要话题。事实上，美国可以被当作西方教育第三次危机中的一个典型例子。第一次危机出现在公元前 5 世纪，那时雅典人经历了从口头文化到字母书写文化的变更，如果要了解其中的意义，我们应该读一读柏拉图。第二次危机出现在 16 世纪，印刷机的出现使欧洲发生了巨变，要了解这个阶段，我们应该读一读约翰·洛克[2]。第三个阶段正发生在美国，这是电子革命，特别是电视机发明后产生的后果，要想了解其中的奥妙，我们应该读一读马歇尔·麦克卢汉。

人们不再认为教育应该建立在缓慢发展的铅字上，一种建立

1　杜威，《经验与教育》，伦敦：考里尔出版社，1963 年。

2　约翰·洛克（John Locke, 1632—1704），英国哲学家。知识面相当广，对认识论、政治、教育和医学卓有贡献。——译者注

在快速变化的电子图像之上的新型教育已经出现在我们面前。目前的教室还在利用铅字，但它们之间的联系已经日渐削弱了。而电视正以前所未有的速度持续发展着，为"什么是知识"和"怎样获得知识"重新进行了定义。我们完全有理由说，美国目前最大的教育产业不是在教室里，而是在家里，在电视机前，这个产业的管理者不是学校里的行政人员和教师，而是电视网络公司的董事会和节目制作人。我并不是说这样的局面是某些人蓄意而为，也不是说那些控制电视的人应承担这个责任。我只是想说，像字母和印刷机一样，电视通过控制人们的时间、注意力和认知习惯获得了控制人们教育的权力。

正因为这样，所以我觉得把电视称作"课程"是很确切的。在我看来，课程是一种特别的信息系统，其目的是要影响、教育、训练或培养年轻人的思想和性格。电视正可以起到这样的作用，而且可以做到持之以恒。通过发挥这样的作用，电视成功地战胜了学校里的课程，甚至几乎消灭了学校里的课程。

我曾写过一本书，书名叫"教学是一种保护活动"。在那本书里，我详细地分析了电视和学校这两种课程的对立性，这里我不想重复。但是我想重提两点，因为我觉得我在那本书里阐述得还不够，而且这两点对现在这本书来说是至关重要的。我想指出的第一点是，电视对教育哲学的主要贡献是它提出了教学和娱乐不可分的理念。从孔子到柏拉图到洛克到杜威，没有人在他们对教育的论述中提出过这样的观点。如果你博览教育文献，你会发现有人说过，孩子在学习自己有兴趣的东西时掌握得最好；你还会发现有人说过——柏拉图和杜威对此也十分强调——理性只有在情感的肥沃土壤里才能得到最好的培养；你甚至会发现有人说，一个慈爱的老师会使学习成为一件轻松的事情。但是从来没有人说过或暗示过，只有当教育成为娱乐时，学习才能最有效、最持久、最真实。教育哲学家们认为获得知识是一件困难的事情，因为其中必然有各种约束的介入。他们认为学习是要付出代价的，耐力和汗水必不可少；个人的兴趣要让位于集体的利益。在他们看来，要想获得出色的思辨能力对于年轻人来说绝非易事，而是一场艰苦卓绝的斗争。西塞罗说过，教育的目的是让学生们摆脱现实的奴役，而现在的年轻人正竭力做着相反的努力——为了适应现实而改变自己。

电视提供了一个诱人而富有创意的不同选择，我们也许可以说，电视提出了三条戒律并由此形成了教育的哲学。这些戒律的影响在每一种电视节目中都能够体现出来——从《芝麻街》到《新星》和《国家地理杂志》这样的纪录片到《梦幻岛》到音乐电视。下面就是我所说的三条戒律：

你不能有前提条件

每一个电视节目都应该是完整独立的，观众在观看节目的时候不需要具备其他知识。我们不能说学习是循序渐进的，也不能强调知识的积累需要一定的基础。电视学习者应该可以自由地选择何时开始学习而不会受到歧视。因此，你从来没有看见或听见哪个电视节目开头的时候会警告观众：如果你没有看过前面的节目，你就无法看懂眼前这个节目。电视是不分等级的课程，它不会在任何时候因为任何原因拒绝观众。换句话说，电视通过摒弃教育中的顺序和连贯性而彻底否定了它们和思想之间存在任何关系。

你不能令人困惑

在电视教学中，让观众心生困惑就意味着低收视率。遇到难题的学习者必然要转向其他频道。这就要求电视节目中不能有任何需要记忆、学习、运用甚至忍受的东西，也就是说，任何信息、故事或观点都要以最易懂的方式出现，因为对于电视来说，最重要的是学习者的满意程度，而不是学习者的成长。

你应像躲避瘟神一样避开阐述

在电视教学的所有敌人中，包括连续性和让人困惑的难题，没有哪一个比阐述更可怕。争论、假设、讨论、说理、辩驳或其他任何用于演说的传统方法，都会让电视变成广播，或者更糟糕，变成三流的印刷材料。所以，电视教学常常采用讲故事的形式，通过动感的图像伴以音乐来进行。这也是《星际迷航》《宇宙》《芝麻街》和各种电视广告的特点，如果没有可视性和戏剧背景，任何电视教学都不可能实现。

如果要给这样一种没有前提条件、没有难题、没有阐述的教育取一个合适的名字，那么这个名字只能是"娱乐"。在美国青年的生活中，除了睡觉，没有其他活动比看电视占据更多的时间，所以我们不难得出结论：大众对于学习的态度正在重新定位。这就引出了我想强调的第二点：这种重新定位的后果不仅体现在教室的传统功能的日益衰退，而且还体现在教室被改造成一个教和学都以娱乐为目的的地方。

我前面已经提到过费城学校进行的一个实验，在那里，教室被改造成摇滚音乐会。但这只是试图把教育定义为一种娱乐方式的众多例子中最愚蠢的一个。老师们，从小学到大学，都在增强他们教学内容的视觉刺激，减少学生们必须应对的阐述比重。他们布置的读写任务越来越少，他们得出一个结论（虽然是万般无奈的）：吸引学生兴趣的主要途径是娱乐。我可以毫不费力地在本章剩下的篇幅中填满各种关于教师怎样把教室变成二流电视节目的例子，当然，在有些情况下，他们可能是无意识的。但这里，我想重点讨论一下《咪咪见闻录》，这个节目如果不能算是新型教育的典范，至少也应该算是一个综合体现了。《咪咪见闻录》是一个开支庞大的科学项目的名字，它涉及了教育界最负盛名的一些机构：美国教育部、银行街教育学院、美国公共广播系统和霍特—莱因哈特—温斯顿出版公司。这个项目获得了教育部365万美元的资助，因为教育部总是慎重地把钱用在有价值的项目上，而《咪咪见闻录》正是一个有价值的项目。为了简要地介绍一下这个项目，我从1984年8月7日的《纽约时报》上引用了四段话：

> 该项目由26集系列片组成，描写了一个流动鲸鱼研究实验室的惊险历程。为了配合这个电视节目的播出，他们还制作了配有精美插图的书籍以及模仿科学家和航海家工作的电脑游戏……
>
> 《咪咪见闻录》通过一系列15分钟的电视片描写了4个年轻人的冒险经历，他们陪伴两个科学家和一个脾气暴躁的船长踏上了监控缅因州海岸座头鲸的旅途。他们凭借一艘改造过的拖网渔船跟踪鲸鱼，在船只被风暴毁坏之后想方设法在荒无人烟的孤岛上生存下来……
>
> 在每一集节目之后都有一个15分钟的涉及相关主题的纪录片。在其中的一集纪录片中，一个少年演员拜访了特德·泰勒，他是格林波特的一个核物理学家，他发明了一种通过冷凝海水来对海水进行净化的方法。
>
> 教师们可以随时从电视上录下这些节目用于教学，他们还可以选用配套的书籍和电脑练习。根据情节，这

些练习中自然贯穿了四个学术主题：地图和航海技术、鲸鱼和它们的生活环境、生态系统和电脑运用能力。

美国公共广播系统播出了这个电视节目，霍特—莱因哈特—温斯顿出版公司出版了配套的书籍和电脑软件，银行街教育学院的教师们提供了教学方面的专门技术。由此可见，对《咪咪见闻录》我们绝不能等闲视之。正如教育部弗兰克·威思罗所说的："我们把这个项目当作一个王牌项目，我们相信很快就会有其他人效仿的。"每个参与这个项目的人都充满了热情，他们说起它的好处时总是如数家珍。霍特—莱因哈特—温斯顿出版公司的贾尼丝·特雷比·理查兹强调说："研究表明，当信息通过戏剧化的形式表现出来时，学习的效果最明显，电视在这方面可以比任何其他媒介都做得更好。"教育部的官员认为，把电视、铅字和电脑这三种媒介结合在一起，能够培养高层次的思维能力。威思罗先生还说，像《咪咪见闻录》这样的节目可以节约很多财力，从长远的角度来看，"它比我们做的任何其他项目都要便宜"。威思罗先生还就怎样为这类项目集资提出了自己的建议，他说："拍摄一部《芝麻街》，我们需要5年到6年时间来集资，但最终我们可以通过广告衫和饼干罐头来赚钱。"

在思考《咪咪见闻录》所产生的意义时，我们应该记住，这个创意绝不新奇。所谓的"把三种媒介结合在一起"或"多媒体形式"，曾经有一个名字叫"视听教具"，这是教师们为了提高学生对课程的兴趣已经运用了多年的方法。几年前，教育部为了一个类似的节目向 WNET 电视台提供了一笔资金。这个节目叫"别说错"，在这个电视系列剧中，那些滥用英语的年轻人遇到了各种各样的社会问题。语言学家和教育家们为教师们准备了与节目配套的课程。这个节目很有吸引力，但似乎并没有证据可以证明，通过观看这个节目，学生们运用英语的能力得到了提高。说实话，每天的电视广告中不乏滥用英语的例子，我们不明白美国政府为什么还要花这个冤枉钱来编造如此多的例子用作课堂教学的内容。戴维·萨斯坎德的任何一个节目录像中出现的错误用法都足以让英语老师分析一个学期。

但是，教育部仍然一如既往，因为他们相信——再次引用一下理查兹女士的话——"研究表明，当信息通过戏剧化的形式表现出来时，学习的效果最明显，电视在这方面可以比任何其他媒介都做得更好。"对于这样的观点，我们最厚道的反应是说它误导人心。乔治·科姆斯托克和他的助手们认真分析了 2800 项有关电视对行为的影响的研究，包括对认知过程的影响，没有找到让人信服的证据可以证明："当信息通过戏剧化的形式表现出来时，学习的效果最明显。"[1] 而且，在科恩和萨洛蒙、麦林高夫、雅各比、霍耶和舍路卡、斯托弗、弗罗斯特和赖博尔特、斯

1　G·科姆斯托克、S·查菲、N·卡茨曼、M·麦库姆斯和 D·罗伯茨，《电视和人的行为》，纽约：哥伦比亚大学出版社，1978。

特恩、威尔逊、纽曼、卡茨、阿道尼和帕尼斯以及冈特的研究中，他们得出了相反的结论。[1] 雅各比和其他一些人发现，在观看了两个 30 秒长的商业电视节目和广告之后，只有 3.5% 的观众可以正确回答和节目有关的 12 个判断对错的问题。斯托弗和其他一些人在研究了学生对电视、广播和报纸上的新闻做出的不同反应后得出结论：学生对于报纸新闻中出现的人名和数字做出的回答正确率最高。斯特恩的研究结果表明，51% 的观众在看完一个电视新闻节目几分钟之后无法回忆起其中的任何一则新闻。威尔逊发现，普通的电视观众只能记住电视剧中 20% 的信息。卡茨和其他一些人发现，21% 的电视观众无法回忆起一个小时之内播放的任何新闻。在他自己以及其他人研究的基础上，萨洛蒙得出一个结论："从电视上获得的意义往往是一些具体的片断，不具备推论性，而从阅读中获得的意义往往和我们原来储存的知

1　A·科恩和 G·萨洛蒙的《孩子的观看电视：意外和可能的解释》，《通讯杂志》第 29 期（1979 年）；L·M·麦林高夫的《照片在孩子理解故事中的作用》；1982 年 4 月美国教育研究协会年会；雅各比、霍耶和舍路卡的《电视化通讯的错误理解》（纽约：美国广告公司协会教育基金会，1980 年）；斯托弗、弗罗斯特和赖博特的《广播新闻的回忆和学习：印刷材料更好吗?》，《广播杂志》（夏季刊，1981 年）：第 253—262 页；斯特恩的《全国广播协会的调查》《广播的政治》（纽约：托马斯·Y·克罗韦尔，1973 年）；威尔逊的《媒介对于信息丢失的作用》，《新闻季刊》第 51 期（春季刊，1974 年）：第 111—115 页；纽曼的《电视新闻观众的回忆模式》，《公众舆论季刊》第 40 期（1976 年）：第 118—125 页；卡茨、阿道尼和帕尼斯的《记忆新闻：照片帮助我们记忆了什么》，《新闻季刊》，第 54 期（1977）：第 233—242 页；冈特的《记忆电视新闻：图像内容的作用》，《普通心理学杂志》第 102 期（1980 年）：第 127—133 页。

识相关，所以具有较强的推论性。"[1] 换句话说，通过这一系列的研究，我们没有发现观看电视可以有效地提高学习效果，电视在培养深层次的、具有推论性的思维方面明显不如铅字。

我们不能为了获得捐款就不顾事实。当某个项目岌岌可危的时候，我们似乎都会为了获得支持而吹嘘它的好处。当然，我不怀疑理查兹女士也可以找出几个研究结果来支持她的观点。问题是，如果你集资的目的是为了让已经看了太多电视的孩子们再多看一些电视，那么你夸大其词的程度就令人担忧了。

《咪咪见闻录》最重要的特点是它的内容是经过精心挑选的，因为所有内容必须能够通过电视来表现。学生们为什么要学习座头鲸的习性？所谓"学术主题"的识图能力和航海技术到底有多重要？航海技术从来就没有被看作"学术主题"，对于大城市里的学生来说根本就没有意义。为什么"鲸鱼和它们的生活环境"会成为一个如此有趣的话题，值得人们花上一整年的时间来制作这个节目？

我认为，《咪咪见闻录》的创意很可能来自有人问了这样一个问题："电视的好处是什么？"而不是"教育的好处是什么？"电视的好处在于它可以展示遇险的船只、航海历险、脾气暴躁的老船长以及接受电影明星采访的物理学家，这就是我们在《咪

1　萨洛蒙，《媒介的互动，认知和学习》，洛杉矶：爵西—巴斯，1979，第81页。

咪见闻录》中看到的。为这个情景喜剧量身定做的配有图片的书籍和电脑游戏，证明了电视节目可以控制学校课程。学生浏览的图片和他们玩的电脑游戏，都是由电视节目的内容决定的。书籍似乎已经成为一种视听教具，教学内容的主要载体是电视节目，电视节目之所以能在学校课程中占据重要地位，是因为它具有娱乐性。当然，电视节目确实可以用于提高学生对所学内容的兴趣，甚至成为学习的重心。但现在出现的情况是，学校课程的内容完全受制于电视节目，人们甚至开始认为教室是学生们了解各种各样的媒介——包括电视——怎样影响人们态度和认知的地方。既然我们的学生在中学结束之前已经观看了大约1.6万小时的电视，我们理应提出这样的问题，教育部的官员们也应该想到这样的问题：谁应该来教我们的孩子怎样看电视？什么时候不该看电视？《咪咪见闻录》避开了这些问题，他们希望学生们以观看《希尔街的布鲁斯》的相同心态沉浸于节目之中。（我们可以推断，所谓培养"电脑运用能力"也没有涉及电脑的认知倾向和社会效应之类的问题，而这些在我看来，正是我们关于新技术应该讨论的最重要的问题。）

　　《咪咪见闻录》按照媒体商人的旨意，盲目而无形地花掉了365万美元，结果学生们学到了什么呢？可以肯定，他们对鲸鱼有了一些了解，也许也获得了有关航海和识别地图的知识，但这些他们也完全可以通过其他途径获得。最重要的是，他们知道了学习是一种娱乐方式，或者更准确地说，任何值得学习的东西都

可以采用娱乐的方式出现，而且必须这样。如果他们的英语老师
让他们通过摇滚音乐学习演讲稿的八大部分，或者，如果他们的
社会学老师用唱歌的方式教给他们有关 1812 年战争的史实，再
或者，如果他们的物理课内容出现在饼干和广告衫上，他们绝不
会有任何异议。这正是他们希望的，而且他们已经做好了充分的
思想准备，要以同样轻松愉快的方式来接受他们的政治、宗教、
新闻和商业。

第 *11* 章

赫胥黎的警告

有两种方法可以让文化精神枯萎，一种是奥威尔式的——文化成为一个监狱，另一种是赫胥黎式的——文化成为一场滑稽戏。

我们无须别人提醒就能认识到，我们的世界已经深受各种监狱文化的残害，奥威尔在他的寓言中已经对这些监狱文化的结构进行了准确的描写。如果你读一读他的《一九八四》和《动物农庄》，以及阿瑟·凯斯特勒的《正午的黑暗》，你就会非常清楚地看清目前在数十个国家几百万人民身上发挥作用的控制思想的机器是个什么样子。当然，奥威尔不是第一个警告我们专制会带来精神毁灭的人。但他的作品中最可贵的一点就是，他一再强调，不管我们的看守人接受的是左翼思想还是右翼思想，对于我们来说并没有差别，监狱的大门一样是坚不可摧的，管制一样是森严的，偶像崇拜一样是深入人心的。

而赫胥黎告诉我们的是，在一个科技发达的时代里，造成精神毁灭的敌人更可能是一个满面笑容的人，而不是那种一眼看上去就让人心生怀疑和仇恨的人。在赫胥黎的预言中，"老大哥"并没有成心监视着我们，而是我们自己心甘情愿地一直注视着他，根本就不需要什么看守人、大门或"真理部"。如果一个民族分心于繁杂琐事，如果文化生活被重新定义为娱乐的周而复始，如果严肃的公众对话变成了幼稚的婴儿语言，总而言之，如果人民蜕化为被动的受众，而一切公共事务形同杂耍，那么这个民族就会发现自己危在旦夕，文化灭亡的命运就在劫难逃。

　　在美国，奥威尔的预言似乎和我们无关，而赫胥黎的预言却正在实现。美国正进行一个世界上最大规模的实验，其目的是让人们投身于电源插头带来的各种娱乐消遣中。这个实验在 19 世纪中期进行得缓慢而谨慎，到了现在，20 世纪的下半叶，已经通过美国和电视之间产生的亲密关系进入了成熟阶段。在这个世界上，恐怕只有美国人已经明确地为缓慢发展的铅字时代画上了句号，并且赋予电视在各个领域的统治权力。通过引入"电视时代"，美国让世界看见了赫胥黎预见的那个未来。

　　那些谈论这个问题的人必须常常提高他们的嗓门才能引起注意，甚至达到声嘶力竭的程度，因此他们被人斥为"懦夫""社会公害"或"悲观主义者"。他们之所以遭人误解，是因为他们想要别人关注的东西看上去是丝毫无害的。奥威尔预言的世界比赫胥黎预言的世界更容易辨认，也更有理由去反对。我们的生活经历已经能够让我们认识监狱，并且知道在监狱大门即将关上的时候要奋力反抗。在弥尔顿、培根、伏尔泰、歌德和杰弗逊这些前辈的精神的激励下，我们一定会拿起武器保卫和平。但是，如果我们没有听到痛苦的哭声呢？谁会拿起武器去反对娱乐？当严肃的话语变成了玩笑，我们该向谁抱怨，该用什么样的语气抱怨？对于一个因为大笑过度而体力衰竭的文化，我们能有什么救命良方？

我担心我们的哲学家在这方面没有给过我们任何指导。他们往往针对众人皆知的人性恶习提出一些明确的思想，而目前出现在美国的问题却无法归入任何思想体系。《我的奋斗》或《共产党宣言》都没有宣告过它的到来，它的产生源自我们的大众会话模式发生的巨变。但它确实是一种思想体系，因为它带给我们一种新的生活方式以及一系列新的关系和观点。对于这一切，我们没有表示同意，也没有表示反对，我们没有进行任何讨论，我们只能顺从。虽然在过去的 80 年里，我们已经目睹技术改变了美国生活的方方面面，但在民众的意识中，技术还没有被看作一种思想体系。1905 年的人们不能预见汽车将会带来怎样的文化变更，这无可厚非。那时的人们谁会料到汽车将决定他们怎样安排社会生活和性生活，将改变人们利用森林和城市的看法，将创造出表达我们个人身份和社会地位的新方式？

但现在这个游戏已经进行了很久，如果还不能意识到游戏的结果，就不可原谅了。到了这个时候，如果你还不能意识到技术必然会带来社会变迁，还在坚持技术是中性的，仍然认为技术始终是文化的朋友，那么你实在是太愚蠢了。从很多例子中我们已经看出，通讯模式中的技术变化比交通模式中的技术变化更能影响人们的意识形态。把字母带入一种文化，会改变这种文化的认知习惯、社会关系、社会概念、历史和宗教。把活字印刷机带入一种文化，你可以达到同样的目的。但如果把光年速度的图像传送引入文化，你就会发动一场文化革命。没有投票，没有辩证法，没有游击队的反抗，就这样一种意识形态，明明白白、真真切切。这是一种没有文字的意识形态，而且它因为没有文字而显得更加强大。只要人们虔诚地相信社会发展的必然性，它就可以长久地存在下去。在这个意义上，所有的美国人都是马克思主义者，因为我们都相信历史正把我们推向某个理想中的天堂，而技术正是推动我们的动力。

所以，对于任何像我这样著书讨论这个问题并且想在书的最后提出解决方法的人来说，眼前的困难简直无法逾越。首先，并不是所有的人都认为需要什么解决方法；其次，也许根本不存在什么解决方法。但是作为一个真正的美国人，我深信只要有困难就会有解决方法，所以我想以下面的几个建议结束本书。

我想指出的第一点是，我们不能用诸如杰里·曼德在《消灭电视的四个论点》提出的卢德分子[1]立场来欺骗自己，这是完

1　卢德分子（Luddite）：1811 年至 1816 年英国手工业工人中参加捣毁机器运动的人，该运动据说由工人卢德（Ned Ludd）发动。——译者注

全荒谬的观点。美国人不会停止使用任何技术设备，让他们这样做等于什么也没说。同样不现实的是干涉人们对于媒介的使用。很多文明国家通过立法限制电视播出的时间，以此来弱化电视在大众生活中发挥的作用。但我相信这在美国是不可能的。一旦电视这种快乐媒介进入我们的生活，我们绝不会同意让它离开片刻。当然，还是有些美国人做过尝试，在我写作这本书期间，《纽约时报》（1984 年 9 月 27 日）上出现了一篇关于康涅狄格州一个图书馆倡导"关掉电视"的文章。这次活动发生在去年，主题是让人们在一个月里不看电视。据《纽约时报》报道，这次活动引起了媒体的广泛关注。文章引用了埃伦·巴布科克夫人的话，她的一家参加了这个活动。她说："去年电视对这个活动进行过很多精彩的报道，我很想知道今年这个活动是否会产生和去年一样的影响力。"简单地说，巴布科克夫人希望人们通过看电视认识到他们应该停止看电视。我们很难想象巴布科克夫人没有看出自己立场中表现出来的讽刺性。有很多次，有人让我到电视上去宣传我写的关于反对电视的书，这也是同样的讽刺。这些就是电视文化的矛盾。

一个月不看电视到底有什么意义？充其量是一种苦行。当这个地方的人们结束这种苦行回到他们日常的消遣时，他们会感到多么舒畅啊！但是，我们应该为他们的努力鼓掌，就像我们为那些限制电视中某些内容——例如，过多的暴力、儿童节目中播放的商业广告——的努力鼓掌一样。我特别欣赏约翰·林赛关于禁止在电视上播放政治广告的建议，就像我们现在禁止烟酒广告一样。我会很乐意在联邦通讯委员会面前证明这个建议的众多好处。如果有人认为这个建议违反了宪法第一修正案，我愿意提出一个两全之策：在播放所有政治广告之前应该先播一条小小的声明，即，根据常识，观看政治广告有碍思想健康。

我对是否有人会认真考虑这个建议不持乐观态度，我也不相信那些旨在提高电视节目质量的提议能有什么成效。我前面提到过，为我们提供纯粹的娱乐是电视最大的好处，它最糟糕的用处是它企图涉足严肃的话语模式——新闻、政治、科学、教育、商业和宗教——然后给它们换上娱乐的包装。如果电视节目变得糟糕起来，我们倒是应该庆幸了。《喝彩》之类的节目不会威胁大众思想健康，但《新闻60分》《目击新闻》和《芝麻街》之类无疑是一种威胁。

问题不在于我们看什么电视，问题在于我们在看电视。要想解决问题，我们必须找到我们怎样看电视的方法。我相信我们有理由说，我们对于什么是电视还不甚了解，因为我们对于"什么是信息"和"信息怎样影响文化"这两个问题还没有进行过充分的讨论，更不要说达成共识了。想到人们如此频繁而热切地使用"信息时代""信息爆炸"和"信息社会"之类的词语，我们不难感觉其中的一丝可笑。我们显然已经意识到，信息的形式、容量、速度和背景发生的变化意味着某种东西，但除此之外，我们没有想得更多。

什么是信息？它有哪些不同形式？不同的形式会给我们带来什么不同的知识、智慧和学习方法？每一种形式会产生怎样的精神作用？信息和理性之间的关系是什么？什么样的信息最有利于思维？不同的信息形式是否有不同的道德倾向？信息过剩是什么意思？我们怎么知道存在信息过剩？崭新的信息来源、传播速度、背景和形式要求怎样重新定义重要的文化意义？例如，电视会不会赋予"虔诚""爱国主义"和"隐私"一个新的意义？报纸所指的"大众"和电视所指的"大众"有什么区别？不同的信息形式如何决定它要表达的内容？

通过这些问题，以及更多的类似问题，美国人才可能和他们的电视机进行对话。如果某种媒介的使用者已经了解了它的危险性，那么这种媒介就不会过于危险。那些提出这些问题的人是得出和我一样的答案还是和马歇尔·麦克卢汉一样的答案并不重要（顺便提一句，我们的答案差别很大），能够提出问题就够了。提出了问题就是破除了禁忌。我想补充一句，这些有关信息的精神、政治和社会作用的问题对于电脑和电视机一样适用。虽然我相信人们对于电脑的重要性已经有了足够的认识，但是我这里还是要提一下，因为很明显，美国人对于电脑的态度也是盲目的，别人告诉他们怎样就是怎样，没有一句异议。对于电脑技术的中心命题——我们解决问题遇到的主要困难是数据不足——没有人表示过怀疑。直到多年以后，我们发现大量收集和快速检索的数据对于大规模的组织和机构确实很有价值，但没有为大多数普通人解决什么重要问题，它们带来的问题至少和它们能解决的问题一样多。

总之，我想指出的是，只有深刻而持久地意识到信息的结构和效应，消除对媒介的神秘感，我们才有可能对电视，或电脑，或任何其他媒介获得某种程度的控制。但我们应该怎样培养这种媒介意识呢？我脑子里只有两个答案：一个纯属无稽之谈，我们马上可以否决掉；另一个成功的希望渺茫，但这是我们仅有的办法。

那个已遭否决的答案是要创作一种新型的电视节目，其目的是告诉人们应该怎样看电视，向人们展示电视怎样重新定义和改变我们对新闻、政治辩论和宗教思想等方面的看法，而不是让人们停止看电视。我想，这样的展示应该模仿《周六夜现场》这样的形式，其结果是让全国人民在一片大笑中认识到电视对公众话语的控制。但是，很自然，笑到最后的还是电视。为了争取到足够的观众，这些模仿节目也必须具有很强的娱乐性，也就是说，对于电视的批评最后还是要依赖电视自身的力量。那些节目中的模仿者可能会成为名人，会出现在电影里，最后再回到电视上效力于商业广告。

那个希望渺茫的方法是依靠从理论上来说能解决这个问题的唯一大众传媒：我们的学校。这是美国人解决一切危险社会问题时采用的传统方法，当然这要取决于人们对教育的效力是否保持一种天真而神化的信仰。这种方法很少起作用。对于我们讨论的这个问题，我们更没有理由指望学校能帮助我们解决。毕竟，对于铅字在塑造文化中起过的作用，我们的学校还没来得及思考。

确实，哪怕你允许有500年的误差，你也不可能在100个高中生中找到两个人可以回答"字母是什么时候发明的"。我怀疑，大多数人甚至不知道字母是人发明出来的。我发现，很多人听到这个问题后会一脸茫然，就好像他们听到的问题是"树是什么时候发明的"或"云是什么时候发明的"一样。这正是神话的原则，正如罗兰·巴特指出的，神话把历史转变成自然。让学校去解决这个问题，显然是勉为其难了。

但是，我们还是有理由不失去信心。教育家们并不是没有注意到电视对学生们产生的影响。由于电脑的到来，他们开始产生了某种"媒介意识"。但是，他们的这种意识往往集中在"我们怎样利用电视（或电脑，或文字处理机）来控制教育"这个问题上，而不是"我们怎样利用教育来控制电视（或电脑，或文字处理机）"上。但是，我们提出解决措施应该具有超前的意识，否则还要什么梦想呢？而且，帮助年轻人学习解读文化中的象征是学校不可推卸的责任，要做到这一点，学生应该学会怎样疏远某些信息形式。我们希望学校应该把这样的任务纳入课程之中，甚至成为教育的中心。

我这里建议的解决方法也正是赫胥黎提出的。我无法超越他的智慧。他和赫伯特·乔治·威尔斯[1]一样相信，我们正处于教

1　赫伯特·乔治·威尔斯（Herbert George Wells, 1866—1946），英国作家，主要作品有科学幻想小说《时间机器》《隐身人》《星际战争》，社会问题小说《基普斯》《托诺—班格》及历史著作《世界史纲》等。——译者注

育和灾难的竞赛之中，他不懈地著书强调理解媒介政治和媒介认识论的必要性。最后，他试图在《美丽新世界》中告诉我们，人们感到痛苦的不是他们用笑声代替了思考，而是他们不知道自己为什么笑以及为什么不再思考。

参考文献

保罗·安德森,《中西部的柏拉图主义》,宾夕法尼亚:坦波尔大学出版社,1963。

汉娜·阿伦特,《人类对话中的社会和文化》,弗罗伊·梅森和阿希利·门塔古编辑:自由出版社,1967。

本·阿姆斯特朗,《电子教堂》,纳西威尔:托马斯·尼尔森,1979。

麦克斯·伯格,《在美国的英国旅游者,1836—1860》,纽约:哥伦比亚大学出版社,1943。

丹尼尔·布尔斯廷,《美国人:殖民地历程》,纽约:文泰奇出版社,1958。

恩斯特·卡西尔,《人论》,纽约花园城:双日出版社,铁锚丛书,1956。

美尔乐·柯蒂,《美国思想的成长》,纽约:哈珀与罗,1951。

丹尼尔·切特罗姆,《媒体和美国思想:从莫尔斯到麦克卢汉》,柴普西尔:北卡罗来纳出版社,1982。

约翰·杜威,《经验与教育》,伦敦:考里尔出版社,1963。

伊丽莎白·德鲁,《大选记:1980年总统竞选》,纽约:西蒙与舒斯特,1981。

伊丽莎白·爱因斯坦,《作为催化剂的印刷机》,纽约:剑桥大学出版社,1979。

霍华德·法斯特、托马斯·潘恩,《人权导读》,纽约:继承出版社，1961。

本杰明·富兰克林，《本杰明·富兰克林自传》，纽约：麦格纳姆出版社，1968。

诺思洛普·弗莱，《伟大的代码：圣经与文学》，多伦多：学术出版社，1981。

比利·格雷厄姆，《电视传教的未来》，收视指南第31期：第10页（1983）。

哈洛，艾尔文·费，《老的线路和新的浪潮：电报、电话和无线电的历史》，纽约：艾波顿—世纪，1936。

詹姆斯·D·哈特，《通俗书籍：美国文学趣味的历史》，纽约：牛津大学出版社，1950。

理查德·霍夫施塔特，《美国生活中的反智主义》，纽约：阿尔弗莱德·A·瑙普夫，1964。

温斯罗普·赫德森，《美国的宗教》，纽约：查尔斯·斯克瑞伯纳家族，1965。

詹姆斯·麦尔温·李，《美国新闻史》，波士顿：胡顿米菲林，1917。

堪尼斯·洛克里奇，《早期美国的读写教育，1650—1800》，选自《西部的读写教育和社会发展》，纽约：剑桥大学出版社，1981。

罗伯特·麦克尼尔，《电视是否缩短了我们的注意广度》，纽约大学教育季刊14：2（冬季刊，1983）。

卡尔·马克思，恩格斯，《德意志意识形态》，纽约：国际出版社，1972。

约翰·斯图亚特·穆勒，《自传和其他作品》，波士顿：胡顿米菲林，1969。

约翰·C·米勒，《第一个开拓者：殖民地美国的生活》，纽约：戴尔，1966。

佩里·米勒，《美国的思想：从大革命到国内战争》，纽约：哈考特，布瑞斯和世界，1965。

特伦斯·莫兰，《1984 年的政治：这就是娱乐》（夏季刊，1984）。

弗兰克· 路德·莫特，《美国新闻：260 年来美国报纸的历史，1690—1950》，纽约：麦克米伦，1950。

刘易斯·芒福德，《技术与文明》，纽约：布瑞斯·哈考特和世界，1934。

波蒙特·纽霍尔，《从 1839 年至今摄影术的历史》，纽约：现代艺术博物馆，1964。

沃尔特·翁，《读写能力和印刷术的未来》，《通讯杂志》30：1（冬季刊，1980）。

沃尔特·翁，《口语文化与书面文化》，纽约：麦休恩，1982。

托马斯· 潘恩，《理性时代》，纽约：彼得· 艾克勒出版公司，1919。

弗兰克·普瑞斯布利，《广告的历史与发展》，纽约花园城：达伯戴，多兰出版公司，1929。

杰伊·罗森，《广告的慢性自杀效应》（夏季刊，1984）。

加夫瑞艾尔·萨洛蒙，《媒介的互动，认知和学习》，洛杉矶：爵西—巴斯，1979。

苏珊· 桑塔格，《论摄影》，纽约：斯特劳斯· 法拉和吉路斯，1977。

艾德温·厄勒·斯巴克斯，《林肯—道格拉斯 1858 年的辩论》，伊利诺伊州历史图书馆，1908。

劳伦斯·斯通，《英国的教育革命：1500—1640》，《过去和现在》，第 28 期（1964 年 7 月）。

亨利·大卫·梭罗，《瓦尔登湖》，波士顿：胡顿米菲林，1957。

亚历西斯· 托克维尔，《论美国的民主》，纽约：文泰奇出版社，1954。

马克·吐温，《马克·吐温自传》，纽约：哈普兄弟出版社，1959。

译名对照表

美国广播公司电影《浩劫后》及放映后讨论　ABC network movie *The Day After* and post-show discussion

广告：报纸、历史、政治、电视广告　advertising: newspaper, history of, political; television commercials

路易斯·阿加西斯　Agassiz, Louis

《理性时代》，潘恩　*Age of Reason* (Paine)

《美国信使》　*American Mercury*

《美国拼写课本》　*American Spelling Book* (Webster)

《论语》　*Analects* (Confucius)

保罗·安德森　Anderson, Paul

汉娜·阿伦特　Arendt, Hannah

《论出版自由》（弥尔顿）　*Areopagitica* (Milton)

亚里士多德　Aristotle

美联社　Associated Press

《本杰明·富兰克林自传》　*Autobiography of Benjamin Franklin* (Franklin)

汽车工业　Auto Industry

吉姆·巴克　Bakker, Jim

《巴尔的摩爱国者》　*Baltimore Patriot*

浸礼会　Baptists

罗兰·巴特　Barthes, Roland

《海湾州圣歌》 *Bay Psalm Book*

亨利·沃德·比彻 Beecher, Henry, Ward

詹姆斯·贝内特 Bennet, James

《圣经》 *Bible*

《荒野大镖客》 *bonanza*（TV show）

书籍审查制度 book censorship

丹尼尔·布尔斯廷 Boorstin, Daniel

波士顿 Boston

《波士顿报》 *Boston Gazette*

《波士顿新闻信札》 *Boston News-Letter*

《美丽新世界》（赫胥黎） *Brave New World*（Huxley）

英国广播公司 British Broadcasting Corporation

汤姆·布罗考 Brokaw, Tom

杰尔姆·布鲁纳 Bruner, Jerome

威廉·巴克利 Buckley, William

阿尔弗雷德·巴恩 Bunn, Alfred

乔治·伯恩斯 Burns, George

资本主义 capitalism

托马斯·卡莱尔 Carlyle, Thomas

吉米·卡特 Carter, Jimmy

卡西雷尔 Cassirer, Ernst

天主教 Catholicism

迪克·卡威特 Cavett, Dick

哥伦比亚广播公司 CBS network

审查制度 censorship

《喝彩》（电视节目） *Cheers*（TV show）

芝加哥 Chicago

"十诫"　Decalogue

自然神论　Deism

《论美国的民主》（托克维尔）　*Democracy in America*（Tocqueville）

教育部　Department of Education

《新英格兰记》　*Description of New England*（Smith）

约翰·杜威　Dewey, John

狄更斯　Dickens, Charles

艾米莉·狄金森　Dickinson, Emily

爱德华·迪特里赫医生　Dietrich, Dr. Edward

埃弗里特·德克森　Dirksen, Everett

博士论文答辩　doctoral oral

斯蒂芬·道格拉斯　Douglas, Stephen A.

约翰·德莱顿　Dryden, John, Fables

雅各布·杜谢　Duché, Jacob

迈克·杜卡基斯　Dukakis, Mike

德美浸礼会教派　Dunkers

德怀特　Dwight, Timothy

《豪门恩怨》（电视节目）　*Dynasy*（TV series）

教育：殖民；控制电视；19 世纪；电视娱乐；《咪咪见闻录》　education: Colonial, to control television; 19th-century; as television entertainment; *The Voyage of the Mimi* programs

乔纳森·爱德华兹；《上帝感化北安普顿数百灵魂之忠实记录》；《信仰的深情》　Edwards, Jonathan; *Faithful Narrative of the Surprising Work of God in the Conversion of Many Hundred Souls in Northhampton*; *A Treatise Concerning Religious Affections*

18 世纪宗教和印刷术　18th-century religion and typography

爱因斯坦　Einstein, Albert

本杰明·富兰克林　Franklin, Benjamin

詹姆斯·富兰克林　Franklin, James

西奥多·弗里林海森　Frelinghuyesen, Theodore

弗洛伊德　Freud, Sigmund

诺思洛普·弗莱　Frye, Northrop

伽利略　Galileo

乔治·格布纳　Gerbner, George

《德意志意识形态》（马克思）　*German Ideology*（Marx）

塞缪尔·古德里奇　Goodrich, Samuel

杰克·古迪　Goody, Jack

比利·格雷厄姆　Graham, Billy

大觉醒　Great Awakening

希腊，经典，书籍审查制度，修辞　Greece, Classical; book censorship in; Rhetoric in

霍勒斯·格里利　Greeley, Horace

《卫报》（斯梯尔）　*Guardian*（Steele）

亚历山大·汉密尔顿　Hamilton, Alexander

本杰明·哈里斯　Harris, Benjamin

哈佛大学　Harvard University

埃里克·哈夫洛克　Havelock, Eric

霍桑　Hawthorne, Nathaniel

海明威　Hemingway, Ernest

亨利八世，英国国王　Henry Ⅷ, King of England

约翰·赫舍尔　Herschel, John F. W.

约翰·海曼　Heyman, John

《广告的历史与发展》　*History and Development of Adversting*（Presbrey）

大卫·霍夫曼　Hoffman, David

理查德·霍夫施塔特　Hofstadter, Richard

乔西艾·霍尔布鲁克　Holbrook, Josiah

荷马　Homer

史蒂夫·霍恩　Horn, Steve

奥尔德斯·赫胥黎，《美丽新世界》　Huxley, Aldous; *Brave New World*

装饰华美的手稿　Illuminated manuscripts

《图像》，布尔斯廷　*Image* (Boorsting)

教廷禁书目录　Index Librorum Prohibitorum

伊朗人质危机　Iranian hostage crisis

杰西·杰克逊　Jackson, Jesse

日本　Japan

雅各布·贾维茨　Javits, Jacob

约翰·杰伊　Jay, John

朱利安·杰恩斯　Jaynes, Julian

托马斯·杰弗逊　Jefferson, Thomas

犹太人　Jews

J·F·W·约翰森　Johansen, J. F. W.

爱德华·肯尼迪　Kennedy, Edward

约翰·肯尼迪　Kennedy, John F.

詹姆斯·肯特　Kent, James

亨利·基辛格　Kissinger, Henry

爱德华·科克　Koch, Edward

特德·科佩尔　Koppel, Ted

拉斯维加斯　Las Vegas

《大家笑》（电视节目）　*Laugh-in*（TV show）

报告厅，19 世纪　lecture halls，19th-century

休闲，角色转换　leisure，changing role of

图书馆，19 世纪　Libraries，19th-century

《生活》　*Life*

亚伯拉罕·林肯　Linciln，Abraham

林肯—道格拉斯的辩论　Lincole–Douglas debates

约翰·林赛　Lindsay，John

沃尔特·李普曼　Lippmann，Walter

扫盲率，殖民地，19 世纪　literacy rates：Colonial；19th-century

《荒原上的小屋》（电视节目）　*The Little House on the Prairie*（TV show）

约翰·洛克，《人类理解论》　Locke，John；*An Essay Concerning Human Understanding*

朗费罗　Longfellow，Henry Wadsworth

詹姆斯·拉塞尔·洛威尔　Lowell，James Russell

马丁·路德　Luther，Martin

吕西昂运动　Lyceum Movement

约瑟夫·麦卡锡　McCarthy，Joseph

乔·麦金尼斯，《出卖总统》　McGinnis，Joe，*The Selling of the President*

乔治·麦戈文　McGovern，George

《麦加菲读本》　McGuffy Reader

马歇尔·麦克卢汉　McLuhan，Marshall

罗伯特·麦克纳马拉　McNamara，Robert

罗伯特·麦克尼尔　MacNell，Robert

《麦克尼尔—莱勒新闻时间》　*MacNell–Lehrer Newshour*（TV show）

詹姆斯·麦迪逊　Madison，James

塞缪尔·莫尔斯　Morse, Samuel

比尔·莫耶斯　Moyers, Bill

刘易斯·芒福德,《技术与文明》　Mumford, Lewis; *Technics and Civilization*

音乐:摇滚,电视　music:rock; television

拉尔夫·纳德　Nader, Ralph

全国宗教节目主持人协会　National religious Broadcasters

全国广播公司　NBC network

艾伦·内文斯　Nevins, Allan

《新英格兰报》　*New-England Courant*

《新媒介圣经》(电影)　*The New Media Bible* (movies)

报纸:广告、历史、电视模式、各种报纸名称　Newspaper:advertising in; history of; modeled on television; See also specific names of newspaper

纽约学徒图书馆　New York Apprentices' Library

纽约市　New York City

《纽约每日镜报》　*New York Daily mirror*

《纽约客》　*New Yorker, The*

《纽约先驱报》　*New York Herald*

《纽约太阳报》　*New York Sun*

《纽约时报》　*New York Times*

尼采　Nietzsche, Friedrich

19世纪,广告、教育、法律制度、林肯—道格拉斯辩论,摄影术、宗教、电报、交通、印刷术　19th century; advertising; education; legal system; Lincole–Douglas debates; photography

理查德·尼克松　Nixon, Richard

"好……现在"的话语模式　"Now. . . this" mode of discourse

奥康纳红衣主教　O'Connor, Cardinal John J.

《官方录像杂志》 *Offical Video Journal*

蒂普·奥尼尔 O'Neill, Tip

沃尔特·翁 Ong, Walter

《自由心灵》（电视节目） *The Open Mind*（TV show）

口头表达的传统 oral traditions

乔治·奥威尔，《英语语言的政治》 Orwell, George; *The Politics of the English Language*

奥维德，《爱的艺术》 Ovid, *Arts Amatoria*

托马斯·潘恩，《理性时代》《常识》 Paine, Thomas; *The Age of Reason*; *Common Sence*

小册子，殖民地 pamphlets, colonial

教皇保罗四世 Paul Ⅳ, Pope

费城门诺派中的严紧派，电影 Pennsylvania Amish, filming of

廉价报纸 Penny newspaper

《人物》 *People*

费城 Philadelphia

哲学 phylosophy

凤凰城 Phoenix

摄影术 photography

象形文字 pictographic writing

柏拉图，论书面文字 Plato; on written word

爱伦·坡 Poe, Edgar Allan

政治，林肯—道格拉斯辩论，总统竞选辩论 politics; Lincolnp -Douglas debates; presidential debates

政治，电视，广告，政治家的外貌 politics, television; advertising; and physical appearance of politician

《英国语言的政治》（奥威尔） *The Politics of the English Language*（Orwell）

民意测验　polls

蒲柏　Pope，Alexander

长老会教徒　Presbyterians

总统竞选辩论　presidential debates，1984

印刷文字：广告，历史，衰败，电报和印刷术的影响，发明，19 世纪
printing press；invention of，19th-century

印刷机，发明　printing press；invention

普罗泰戈拉　Protagoras

新教派　Protestantism

谚语　proverbs

精神分析　psychoanalysis

《公共事件》　*Publick Occurrences both Foreigh and Domestick*

毕达哥拉斯　Pythagoras

约翰·奎因　Quinn，John

广播　radio

铁路　railroads

丹·拉瑟　Rather，Dan

阅读，角色转换　reading，changing role of

南希·里根　Reagan，Nancy

罗纳德·里根　Reagan，Ronald

记录　records

宗教，殖民地，18 世纪和 19 世纪，在电视上　religion；Colonial；18th-
and 19th-century；on television

共鸣　resonance

保罗·里维尔　Revere，Paul

修辞：古典希腊，林肯—道格拉斯辩论　rhetoric：Classical Greek；of

Lincoln-Douglas debates

奥拉尔·罗伯茨　Roberts, Oral

克里夫·罗伯逊　Robertson, Cliff

帕特·罗伯逊　Robertson, Pat

摇滚音乐　rock music

罗马天主教　Roman Catholicism

杰伊·罗森　Rosen, Jay

罗素　Russell, Bertrand

卡尔·萨根　Sagan Carl

格雷格·萨科威茨教士　"St. Elsewhere" (TV show)

《周六夜现场》（电视节目）　*Saturday Night Live* (TV show)

卡尔·肖斯科　Schorske, Carl

罗伯特·舒勒　Schuller, Robert

科学　science

沃尔特·司各特　Scott, Walter

《忏悔室的秘密》（电视节目）　*Secrets of the Confessional Box* (TV show)

《出卖总统》　*Selling of the President* (McGinnis)

《芝麻街》（电视节目）　*Sesame Street* (TV show)

《700俱乐部》（电视节目）　700 *Club* (TV show)

莎士比亚　Shakespeare, William

乔治·沙斯伍德　Sharswood, George

富尔顿·希恩主教　Sheen, Bishop Fulton

《60分钟》（电视节目）　60 *Minutes* (TV show)

口号　slogans

亚当·斯密　Smith, Adam

H·艾伦·史密斯　Smith, H. Allen

约翰·史密斯，《新英格兰记》　Smith, John, *Description of New England*

吸烟标志　smoke signals

苏格拉底　Socrates

所罗门　Solomon

苏珊·桑塔格　Sontag, Susan

诡辩者　Sophists

《旁观者》　*Spectator*

运动　sports

《星际迷航》（电视节目）　*Star Trek*（TV show）

斯梯尔，《卫报》　Steele, Richard, *Guardian*

斯坦贝克　Steinbeck, John

乔治·斯坦纳　Steiner, George

埃兹拉·斯蒂尔斯　Stiles, Ezra

约瑟夫·斯托里　Story, Joseph

哈丽雅特·比彻·斯托夫人，《汤姆叔叔的小屋》　Stowe, Harriet Beecher, *Uncle Tom's Cabin*

梅丽尔·斯特里普　Streep, Meryl

蒂姆·沙利文　Sullivan, Big Tom

手术，电视播出　surgery, televised

吉米·斯瓦加特　Swaggart, Jimmy

威廉·斯卫恩　Swain, William

斯威夫特，《一只澡盆的故事》　Swift, Jonathan, *A Tale of a Tub*

霍华德·威廉·塔夫特　Taft, William Howard

威廉·亨利·福克斯·塔尔博特　Talbot, William Henry Fox

《闲谈者》　*Tatler*

《技术与文明》（芒福德）　*Technics and Civilization*（Mumford）

技术和媒介，区别　technology and medium, distinctions between

电报　telegraph

电话 telephone

电视，教育，为了控制的教育，娱乐，认识论，垃圾，神话，政治，美国电视节目在国外的受欢迎，宗教，技术和媒介 television; as education; education for control of; as entertainment; as epistemology; as junk; as myth; as politics; popularity of American programs abroad; as religion; as technology vs. medium

电视广告，政治话语 television commercials; as political discourse

电视新闻节目，播音员的外貌和可信度，关于《浩劫后》的讨论，假信息，音乐，"好……现在"话语模式 television news shows; appearance and credibility of newscaster; discussion following *The Day After* (ABC movie); as disinformation; music on; "Now. . . this" mode of discourse

威廉·坦南特 Tennent, William

特蕾莎嬷嬷 Teresa, Mother

特丽教士 Terry, Reverend

亨利·大卫·梭罗，《瓦尔登湖》 Thoreau, Henry David; *Walden*

透特（埃及神） Thoth (Egyptian god)

亚历西斯·德·托克维尔，《美国的民主》 Tocqueville, Alexis de; *Democracy in America*

《今夜秀》 *The Tonight Show* (TV show)

丰田 Toyota

交通，19 世纪 transportation, 19th-century

《信仰的深情》（爱德华兹） *Treatise Concerning Religious Affections* (Edwards)

《欢乐问答》（游戏） *Trivial Pursuit* (game)

杜鲁门 Truman, Harry

真理，媒介 truth, media as

弗雷德里克·杰克逊·特纳 Turner, Frederick Jackson

马克·吐温 Twain, Mark

印刷术，见印刷文字 typography，see printed word

乔布·泰森 Tyson，Job

《今日美国》 *USA Today*

越南战争 Vietnam War

《弗吉尼亚报》 *Virginia Gazette*

选举 voting

《咪咪见闻录》（电视系列片） *The Voyage of the Mimi*（TV series）

《走过 20 世纪》（电视系列片） *A Walk Through the 20th Century*（TV series）

《华尔街日报》 *Wall Street Journal*

《沃尔特·克朗凯特的宇宙》（电视节目） *Walter Cronkite's Universe*（TV show）

乔治·华盛顿 Washington，George

《别说错》（电视节目） *Watch Your Mouth*（TV dramatizations）

丹尼尔·韦伯斯特 Webster，Daniel

韦伯斯特的《美国拼写课本》 Webster，Noah，*American Spelling Book*

H·G·威尔斯 Wells，H. G.

露丝·维斯特海默博士 Westheimer，Dr. Ruth

《我的台词是什么?》（电视节目） *What's My Line?*（TV show）

乔治·怀特菲尔德 Whitefield，George

惠特曼 Whitman，Walt

埃利·威塞尔 Wiesel，Elie

威廉·沃特 Wirt，William

《目击者》（电影） *Witness*（movie）

女人 women

书面文字：衰落，早期发展，柏拉图，参见印刷文字　written word：
decline of；early development of；Plato，see also printed word

耶鲁大学　Yale University